中等职业教育课程改革教材

企业财务会计

总 主 编　刘玉祥　杨福军
本书主编　张珍珍　王京光

山东城市出版传媒集团·济南出版社

图书在版编目（CIP）数据

企业财务会计/刘玉祥，杨福军主编. —济南：济南出版社，2019.4

ISBN 978-7-5488-3599-8

Ⅰ.①企… Ⅱ.①刘… ②杨… Ⅲ.①企业管理—财务会计—中等专业学校—教材 Ⅳ.①F275.2

中国版本图书馆CIP数据核字（2019）第040541号

出 版 人	崔　刚
责任编辑	冀瑞雪　冀春雨
外　　编	张宏翔
审　　读	朱向红
封面设计	胡大伟
版式设计	谭　正
出版发行	济南出版社
地　　址	山东省济南市二环南路1号（250002）
编辑热线	0531—86131747（编辑室）
发行热线	86131747　82709072　86131729　86131728（发行部）
印　　刷	山东联立文化发展有限公司
版　　次	2019年4月第1版
印　　次	2019年4月第1次印刷
成品尺寸	185 mm×260 mm　16开
印　　张	11.75
字　　数	200千
印　　数	1—5000册
定　　价	39.00元

（济南版图书，如有印装错误，请与出版社联系调换。联系电话：0531-86131736）

编委会

总 主 编 刘玉祥　杨福军

本书主编 张珍珍　王京光

本书参编 崔保丽　唐胜楠　胡晓丹

丛书编委（以姓氏笔画为序）

于守良	王长勇	王永智	王旭生	王京光
王　青	刘玉祥	刘永田	刘志鹏	刘振涛
李　康	李庆云	李志秀	李建忠	李春会
李　婧	李精明	李静雅	李璐瑶	杨　静
杨福军	宋在旺	张　磊	张友涛	张学友
张金熙	张珍珍	张新坤	张慧杰	陈　雪
单恩强	赵　凤	赵晓丽	赵营伟	胡　萍
胡晓丹	袁琳琳	徐荣娟	高洪彬	唐胜楠
崔春胜	崔保丽	常成磊	韩卫国	程鹏飞
戴红彬	魏　楫			

汉唐书局

序

近年来，从中央到地方，再到各级各类职业院校，都将课程改革视为职业教育内涵式发展的抓手。无论是职业教育国家专业教学标准的开发，还是山东省实施的一系列职业教育质量提升计划，其实质都是希望能够借助课程这一中介撬动区域职业教育的全面改革。课程问题牵一发而动全身，它不仅是行政部门管理职业教育办学质量的重要媒介，也是地方与学校进行资源配置与质量考核的参考依据，更是教师与学生组织教学活动不可或缺的手段。基于对课程重要性的认识，全国各高校与职业院校也都投入大量资源，开展职业教育课程理论与课程开发技术研究，力求能够探索出一套理论性强、贴近我国职业教育办学实际、且行之有效的课程开发技术。

"职业教育项目课程"是华东师范大学徐国庆教授倾注十余年心血所打造的职业教育课程开发技术，该技术立足于社会职业和工作世界的根本性变革，基于联系论、结构论、综合论、结果论的理论框架，吸收了美国、德国等职业教育先进国家课程开发的宝贵经验，并结合了我国职业教育课程开发的已有成果。该技术的优势在于紧紧抓住当前我国职业教育课程开发与实施过程中出现的根本问题与典型问题，通过"专业教学标准—课程标准—教学设计—任务操作单—学生工作页"的系统设计，为职业教育课程开发提供了一套科学成熟的解决方案。这一方案突破了过去职业教育课程开发"方向不清""操作性不强""成果不显著"的问题，已在包括"寿光职业教育中心学校"在内的诸多职业院校中广泛使用，成效显著。

寿光职教中心编写的这套项目课程教材与案例，是学校老师在以徐国庆教授领衔的团队的指导下，用三年时间打磨完成的。三年间，徐国庆教授及团队成员多次前往学校开展现场教学、理论讲座和专题研讨。刘玉祥校长及学校管理团队高度重视这项学校内涵建设的重要工程，在制度建设、资源分配等方面给予了诸多倾斜，可以说，没有学校领导的重视，就不会有这套教材的出版。但是，这套教材的最大功臣与受益者应该是寿光职教中心的老师和学生，这套项目课程教材与案例就是近三年教师学习与实践成果的精华。三年课程建设中，学校的每位老师都参与到了课程建设内容丰富、形式多样的活动当中，他们在现场聆听与提问，并亲自动手编写专业教学标准、课程标准、教学设计、任务单等课程材料，然后将它们应用于教学过程中，并不断地验证、修改和完善。在这个过程中，不仅老师的课程开发能力与教学水平得到提升，学生也受益于课程体系与教学模式的改革，在职业能力与综合素质上有了更为突出的表现。

从这套教材中，我们可以领略项目课程在系统设计和实施过程中的独特性、灵活性、科学性与本土性，领略到寿光职教中心的教师在课程开发与实施过程中的实践智慧与创造能力，领略到寿光职教中心作为全国示范性职业学校的改革活力与丰硕成果。

职业教育项目课程开发是一个长期的过程，希望这套课程建设成果能够在今后的实践当中不断完善，更好地服务于区域技术技能人才的培养。

李 政[①]

于美国匹兹堡大学

2018年6月30日

[①] 李政博士是华东师范大学徐国庆职业教育项目课程团队的核心成员，全程参与了寿光市职业教育中心学校的课程建设。

目 录

项目一　筹资岗位会计核算 ……………………………1

　　任务一　投资者投入资本的核算 ……………………1
　　任务二　短期借款、长期借款的核算 ………………9

项目二　出纳岗位会计核算 ……………………………22

　　任务一　货币资金的核算 ……………………………22
　　任务二　货币资金清查的核算 ………………………29

项目三　存货岗位会计核算 ……………………………38

　　任务一　原材料的核算 ………………………………38
　　任务二　委托加工物资的核算 ………………………51
　　任务三　存货清查的核算 ……………………………58

项目四　往来岗位会计核算 ……………………………63

　　任务一　应收票据与应付票据的核算 ………………63
　　任务二　应收账款与应付账款的核算 ………………72

项目五　资产管理岗位会计核算 ………………………81

　　任务一　固定资产增加的核算 ………………………81
　　任务二　固定资产的折旧的核算 ……………………89
　　任务三　固定资产处置的核算 ………………………96
　　任务四　无形资产取得、摊销与处置的核算 ……104

项目六　职工薪酬岗位会计核算 112

项目七　纳税岗位会计核算 121
　　任务一　应交增值税的核算 121
　　任务二　应交消费税的核算 130
　　任务三　应交所得税的核算 136

项目八　成本费用岗位会计核算 142
　　任务一　生产成本归集与分配的核算 142
　　任务二　期间费用的核算 148

项目九　主管岗位会计核算 155
　　任务一　资产负债表的编制 155
　　任务二　利润表的编制 162

企业财务会计课程标准 168

企业财务会计教学设计 176

项目一　筹资岗位会计核算

· 项目描述 ·

以滨海市羊口家具有限公司2018年6月份的日常经济业务为背景，完成投资者投入资本、短期借款、长期借款的核算，填制记账凭证，登记账簿。

任务一　投资者投入资本的核算

一、教学设计

（一）任务描述

根据滨海市羊口家具有限公司2018年6月份有关投资者投入资本的会计资料，完成投入资本的核算及账簿登记。本任务主要是介绍投资者投入资本的方式和计价，以及实收资本、资本公积的构成内容；重点是掌握实收资本、资本公积的内容和核算。

1. 现金投资

（1-1）

中国农业银行进账单（收账通知）

2018年6月12日　　　　　　　　第　365899　号

出票人	全称	潍坊昌达公司	持票人	全称	滨海市羊口家具有限公司
	账号	8200223362334987		账号	8456223362353123
	开户银行	建行开发区支行		开户银行	中国农业银行开发区支行
人民币（大写）	壹拾壹万伍仟元整		千百十万千百十元角分 ￥ 1 1 5 0 0 0 0 0		
用途	投资款				
张数	1				
票据种类	转账支票				
主管：XX　会计：XX　复核：XX　记账：XX			持票人开户银行盖章		

中国农业银行股份有限公司
滨海市开发区支行
2018.06.12

（6）

（1-2）

统一收款收据
记账联
2018 年 6 月 12 日

缴款单位	潍坊昌达公司		
款项内容	投资款	收款方式	银行存款
人民币（大写）	壹拾壹万伍仟元整	￥115,000.00	
备注：	收款单位盖章	收款人	

（1-3）

关于增加注册资本的股东会决议

滨海市羊口家具有限公司 2018 年第二次股东会决议：根据公司发展需要，经全体股东决议，公司决定增加注册资本 115000 元，由潍坊昌达公司以货币资金缴纳。同时修改公司章程。

2018 年 6 月 12 日

2. 固定资产、无形资产投资

（2-1）

济南市美林有限公司部分机器设备、商标权资产评估报告书

东华资产评估有限公司接受美林有限公司的委托，根据国家有关资产评估的规定，本着客观、独立、公正、科学的原则，按照公认的资产评估方法，对滨海市羊口家具有限公司接受的资产进行了评估工作。

……………

三、评估范围和对象

本次评估范围为滨海市羊口家具有限公司拟接受美林公司投资的专利技术、机器设备。具体评估对象为专利技术和机器设备。

……………

六、评估结论

资产占有单位名称：济南市美林有限公司　　　　　　金额单位：人民币　元

项目	预计使用年限	账面价值	评估价值
固定资产——T998 机床	10	295,500.00	290,000.00
商标权	10	700,000.00	742,000.00
合计		995,500.00	1,032,000.00

……………

（2-2）

滨海市羊口家具有限公司股东出资（增资）协议书

…………

四、接受济南市美林有限责任公司出资后，公司将注册资本增加到350万元人民币

五、所增资本由美林公司出资。济南市美林公司以经评估的设备和商标权出资，协议作价为评估价值103.2万元人民币，济南市美林公司出资后，持有公司10%的股权。

…………

2018年6月21日

（2-3）

山东省增值税专用发票　　NO 069587

开票日期：2018年 06月 21日

购货单位	名称：滨海市羊口家具有限公司 纳税人识别号：210019994321016 地址、电话：高新区潍北路601号 1234567 开户行及账号：农行 8456223362353123	密码区	3<>30-2+8+9<+6-1+874< 4>+5960/4326776-/-+/9> 7<11/5<1++/22028+44/0 8>5<22->>2+09/>>31	加密版本号 72 2256036931 0758734

货物或应税劳务名称	规格型号	单位	数量	单价	金额	税率	税额
机床	T998	台	1	250,000.00	250,000.00	16%	40,000.00
合　计			1		250,000.00		40,000.00

价税合计（大写）	人民币贰拾玖万元整	（小写）¥290,000.00

销售单位	名称：济南市美林有限责任公司 纳税人识别号：21025493276777 地址、电话：济南市历城区南关街44号 开户行及账号：历城区农业银行 845622336235788	备注	济南市美林有限责任公司 21025493276777 发票专用章

收款人：XX　　复核：XX　　开票人：XX　　销货单位（章）

第二联 抵扣联 购货方抵扣税凭证

（2-4）

山东省增值税专用发票　　NO 069587

开票日期：2018年 06月 21日

购货单位	名称：滨海市羊口家具有限公司 纳税人识别号：210019994321016 地址、电话：高新区潍北路601号 1234567 开户行及账号：农行 8456223362353123	密码区	3<>30-2+8+9<+6-1+874< 4>+5960/4326776-/-+/9> 7<11/5<1++/22028+44/0 8>5<22->>2+09/>>31	加密版本号 72 2256036931 0758734

货物或应税劳务名称	规格型号	单位	数量	单价	金额	税率	税额
机床	T998	台	1	250,000.00	250,000.00	16%	40,000.00
合　计			1		250,000.00		40,000.00

价税合计（大写）	人民币贰拾玖万元整	（小写）¥290,000.00

销售单位	名称：济南市美林有限责任公司 纳税人识别号：21025493276777 地址、电话：济南市历城区南关街44号 开户行及账号：历城区农业银行 845622336235788	备注	济南市美林有限责任公司 21025493276777 发票专用章

收款人：XX　　复核：XX　　开票人：XX　　销货单位（章）

第三联 发票联 购货方记账凭证

（2-5）

（2-6）

资产移交明细表

资产占有方：美林公司
资产接收方：滨海市羊口家具有限公司
移交资产：T998机床、商标权

（二）教学目标

1. 能了解投资者投入资本的方式和计价，以及实收资本、资本公积的构成内容。
2. 能准确辨析现金投资、固定资产投资、无形资产投资的原始凭证。
3. 能准确进行投资者投入资本的会计处理。
4. 能熟练填制记账凭证、登记账簿。

（三）教学资源

1. 教师准备：多媒体PPT课件、滨海市羊口家具有限公司2018年6月份投资相关业务原始单据、记账凭证、账簿、学生工作页、任务操作单
2. 学生自带工具：财会专用笔、计算器、直尺、私章

（四）教学组织

将学生分为6人一组，每小组设两人为组长：一人为成绩优异者，负责理论学习，

并辅导其他同学；另一人为组织能力、动手能力见长者，负责任务分工，组织实训操作。在完成筹资岗位会计核算的同时，组内成员轮流担任出纳、会计、主管等角色来完成记账凭证的填制、账簿的登记，由组长对任务及人员进行策划分工，各成员分别承担各自任务。利用PPT多媒体教学课件，展现课程任务；根据课程任务，组织小组讨论，采用教师引领、学生抢答的方式；最后，完成记账凭证的填制、账簿的登记、学生工作页的填写。

（五）教学过程

阶段	项目教学过程	学生学的活动	教师教的活动
1	项目引入 — 项目描述	1. 理解"实收资本"和"资本公积"的核算内容和账户性质 2. 能辨析现金投资、固定资产投资、无形资产投资情况并进行日常经济业务核算	1. 展示滨海市羊口家具有限公司2018年6月份有关投资者投入资本的原始单据 2. 展示任务。本任务是理解"实收资本"和"资本公积"的核算内容和账户性质，重点是接受投资的账务处理流程和会计核算
1	项目引入 — 知识准备	1. 了解投资者投入资产的种类 2. 理解"实收资本""资本公积"账户性质及核算内容	解释性讲解完成该任务需要熟悉的知识，包括投资资产的种类、"实收资本""资本公积"的核算内容和账户性质
2	项目实施 — 步骤1 判断投资资产的种类	1. 辨析原始单据，判断投资资产的种类 2. 组内讨论账务处理涉及的账户 3. 理解"实收资本""资本公积"账户性质及核算内容	1. 展示滨海市羊口家具有限公司2018年6月份原始单据 2. 指导学生组内讨论投资资产种类以及进行账务处理涉及的账户 3. 解释性讲解"实收资本""资本公积"账户性质及核算内容
2	项目实施 — 步骤2 编制投入资本的会计分录	1. 知识梳理，听教师讲解注意事项，明确本节学习任务 2. 组内合作；根据任务操作单完成学生工作页；进行展示 3. 组内评价；小组展示；班内评价	1. 展示任务操作单 2. 描述性讲解投入资产的内容及核算流程 3. 巡视并解答各小组在任务完成中存在的问题 4. 对存在的问题进行讲解，并对小组完成情况作出评价

续表

阶段	项目教学过程		学生学的活动	教师教的活动
2	项目实施	步骤3 填制记账凭证、登记账簿	1. 根据准确无误的会计分录，分角色完成记账凭证的填制、签字及审核工作 2. 根据审核无误的记账凭证和原始凭证登记账簿	1. 强调记账凭证的填制要求及注意事项：摘要简明、日期正确、编号准确 2. 强调账簿登记时凭证的选择，日期、摘要、编号、金额要准确
3	项目总结	项目展示与总体评价	1. 小组展示投资者投入资产的记账凭证和账簿 2. 通过对他人最终成果的优点与不足的评价，提高自己对质量的理解	1. 组织学生展示各组或各人的最终成果 2. 组织学生对最终成果进行互评，让学生通过发现他人的问题提高自己对质量的理解
		项目学习小结	积极归纳通过投资者投入资本核算所取得的学习成果	引导学生自我归纳通过投资者投入资本核算所取得的新知识

（六）技能考核

序号	技能	评判结果	
		是	否
1	能准确计算实收资本和资本公积		
2	能正确填制记账凭证		
3	能准确完整登记账簿		

二、任务操作单

任务操作单

专业名称　会计电算化　　　　　课程名称　企业财务会计

工作任务：投资者投入资本的核算

续表

步骤		操作方法与说明	核算流程	备注
1	现金投资	当企业收到投资者以现金投入的资本时，应当以实际收到的金额借记"银行存款"；以投资者占被投资者注册资本中所占份额的部分作为"实收资本"，实际收到的金额超过其在该企业注册资本中所占份额的部分作"资本公积"处理	1.人民币投资 借：银行存款 　　贷：实收资本 　　　　资本公积 2.外币投资（合同没有约定汇率） 借：银行存款（当日市场汇率） 　　贷：实收资本（当日市场汇率） 3.外币投资（合同约定汇率） 借：银行存款（当日市场汇率） 　　贷：实收资本（合同约定的汇率） 　　　　资本公积（差额）	P-M
2	资产投资	1.资本溢价，是指企业的投资者投入的资金超过其在注册资本中所占份额的部分 2.当企业收到投资者以非现金投入的资本时，应按照投资协议约定的价值，确定资产（"固定资产""无形资产""原材料"）的价值；以投资方在注册资本中享有的份额作为"实收资本"，对于投资各方确认的价值超过其在注册资本中所占份额的部分作"资本公积"处理 3.有发票抵扣联的税额可以抵扣增值税，计入应交税费 4.没有发票抵扣联的税额，计入资产成本	借：固定资产 　　应交税费—应交增值税（进项税额） 　　贷：实收资本 　　　　资本公积 借：无形资产 　　应交税费—应交增值税（进项税额） 　　贷：实收资本 　　　　资本公积 借：原材料 　　应交税费—应交增值税（进项税额） 　　贷：实收资本 　　　　资本公积	P-M

三、学生工作页

学生工作页

任务名称： 投资者投入资本的核算

一、工作目标（完成工作最终要达到的成果的形式）
1. 编制不同投资方式下的会计分录。 2. 填制记账凭证登记账簿。

二、工作实施（过程步骤、技术参数、要领等）
1. 编制现金投入的会计分录。   2. 编制固定资产投入、无形资产投入的会计分录。   3. 填制记账凭证，登记账簿。

三、工作反思（检验评价、总结拓展等）
2018年7月，嘉里公司的投资者决定扩大生产营规模。经批准，公司将注册资本扩充到2 500 000元。 　　（1）7月2日，华光机械厂投入现金360 000元，投入资金占企业注册资本的12%，款项已收存银行。 　　（2）7月2日，公司收到国外投资者贝尔先生投入的机器设备一套，价款59 400美元，运杂费和保险费计600美元，机器设备已验收使用，投资合同规定以合同签订之日美元汇价的中间价6.6元作为投资额的折合汇价，而当日美元的人民币汇价为6.62元。

续表

（3）7月5日，华美机械厂以某项专利技术作为投资，投资各方确认价值为105 000元（税费不考虑）。

（4）7月5日，公司收到华声机械厂投入的原材料一批（投资各方确认货款120 000元，增值税税额为19 200元）、工具一批（投资各方确认的货款为20 000元，增值税税额为3 200元）。两批物品均已验收入库。投入资金占注册资本的4%。

要求：编制相关会计分录。

任务二　短期借款、长期借款的核算

一、教学设计

（一）任务描述

根据滨海市羊口家具有限公司2018年6月份的借款往来资金业务，依据负债类会计要素处理规则，完成短期借款、长期借款的核算及账簿登记。本任务主要是介绍短期借款和长期借款的含义和种类；重点是掌握短期借款和长期借款的核算方法。

1. 短期借款的核算

（1）借入短期借款

（1-1）

中国建设银行贷款转存凭证（借款借据）

账别：		2018年6月10日		贷款种类：短期借款	
借款人	全称	滨海市羊口家具有限公司	收款人	全称	滨海市羊口家具有限公司
	账号	200223362334666		账号	8456223362353123
	开户行	中国农业银行开发区支行		开户行	中国农业银行开发区支行
大写金额	（币种）人民币叁万元整			亿千百十万千百十元角分 ¥ 3 0 0 0 0 0 0	
委托银行将上述贷款金额转存/支付存入中. 借款人（签字） 2018年6月10日		业务主管 经办人： （信贷部门盖章） 2018年6月10日		合同号：1589	
会计主管：XX		复合：XX		记账：XX	

（1-2）

中国建设银行贷款转存凭证（借款借据）

账别：		2018年6月10日		贷款种类：短期借款											第四联收款人收账通知
借款人	全称	滨海市羊口家具有限公司	收款人	全称	滨海市羊口家具有限公司										
	账号	200223362334666		账号	8456223362353123										
	开户行	中国农业银行开发区支行		开户行	中国农业银行开发区支行										
大写金额	（币种）人民币叁万元整				亿	千	百	十	万	千	百	十	元	角	分
								¥	3	0	0	0	0	0	0
委托你行将上述贷款金额转存/支付存款户. 借款人（签章） 2018年6月10日		业务主管 经办人： （信贷部门盖章） 2018年6月10日		合同号：1589											

会计主管：XX　　　　　复合：XX　　　　　记账：XX

（2）支付短期借款利息

中国农业银行　还款凭证
收款日期　2018年06月20日　序号：25844

还款人	滨海市羊口家具有限公司	贷款人	滨海市羊口家具有限公司								
存款账户	8456223362353123	贷款账户	200223362334666								
开户银行	中国农业银行开发区支行	开户银行	中国农业银行开发区支行								
本息合计币种（大写）	人民币壹仟元整		千	百	十	万	千	百	十	元	角	分
						¥	1	0	0	0	0	0

收回 2017年12月15日发放 2018年10月15日到期的贷款
本金：　400,000.00　　　利息：　1,000.00
该笔贷款尚欠本金：400,000.00
　　　上述还贷款项我行已收妥。
　　　　　　（银行业务公章）

中国农业银行股份有限公司
滨海市开发区支行
2018.06.20
办讫章
（6）

制票：XX　　　　　复核：XX

（3）计提短期借款利息

2018年6月份长期借款利息计提表
2018年6月30日

月份	本金	年利率	计息期间	计提利息
2018年6月	1,400,000.00	6%	6月1日—31日	7,000.00

财务负责人：XX　　审核：XX　　制表：XX

（4）归还短期借款

（4-1）

企业办理结算收费通知单

你单位（账号）8456223362353123 于 2018 年 6 月 25 日

我行办理（信汇、电汇、汇票、托收）业务，收手续费及邮电费人民币（大写）壹拾伍元整

此款已从你账户划出，特此通知。

中国农业银行开发区支行

（4-2）

中国农业银行　还款凭证

收款日期　2018 年 06 月 25 日　　序号：25756

还款人	滨海市羊口家具有限公司	贷款人	滨海市羊口家具有限公司
存款账户	8456223362353123	贷款账户	200223362334666
开户银行	农行开发区支行	开户银行	中国农业银行开发区支行

本息合计币种（大写）	人民币肆拾万元整	千	百	十	万	千	百	十	元	角	分
		¥	4	0	0	0	0	0	0	0	0

收回 2017 年 6 月 25 日发放 2018 年 6 月 25 日到期的贷款
本金：400,000.00　　利息：0.00
该笔贷款尚欠本金：0.00　　利息：0.00

上述还贷款项我行已收妥。
（银行业务公章）

制票：XX　　复核：XX

2. 长期借款的核算

（1）借入长期借款

（1-1）

中国建设银行贷款转存凭证（借款借据）

账别：		2018 年 6 月 15 日		贷款种类：长期借款											
借款人	全称	滨海市羊口家具有限公司	收款人	全称	滨海市羊口家具有限公司										第一联借款人回单
	账号	200223362334666		账号	8456223362353123										
	开户行	中国农业银行开发区支行		开户行	中国农业银行开发区支行										
大写金额	（币种）人民币捌万元整				亿	千	百	十	万	千	百	十	元	角	分
								￥	8	0	0	0	0	0	0
委托你行将上述贷款金额转存/支付存款户． 借款人（签章） 2018 年 6 月 15 日			业务主管 经办人 （信贷部门盖章） 2018 年 6 月 15 日		合同号：1589										
		会计主管：XX		复合：XX				记账：XX							

（1-2）

中国建设银行贷款转存凭证（借款借据）

账别：		2018 年 6 月 15 日		贷款种类：长期借款											
借款人	全称	滨海市羊口家具有限公司	收款人	全称	滨海市羊口家具有限公司										第四联收款人收账通知
	账号	200223362334666		账号	8456223362353123										
	开户行	中国农业银行开发区支行		开户行	中国农业银行开发区支行										
大写金额	（币种）人民币捌万元整				亿	千	百	十	万	千	百	十	元	角	分
								￥	8	0	0	0	0	0	0
委托你行将上述贷款金额转存/支付存款户． 借款人（签章） 2018 年 6 月 15 日			业务主管 经办人 （信贷部门盖章） 2018 年 6 月 15 日		合同号：1589										
		会计主管：XX		复合：XX				记账：XX							

（2）支付长期借款利息

中国农业银行　还款凭证

收款日期　2018 年 06 月 20 日　　序号：25889

还款人	滨海市羊口家具有限公司	贷款人	滨海市羊口家具有限公司
存款账户	200223362334987	贷款账户	200223362334666
开户银行	中国农业银行开发区支行	开户银行	中国农业银行开发区支行
本息合计币种（大写）	人民币柒仟元整	千 百 十 万 千 百 十 元 角 分	￥ 7 0 0 0 0 0

收回 2016 年 12 月 20 日发放 2019 年 12 月 20 日到期的长期借款
本金：　1,400,000.00　　利息：　7,000.00
该笔贷款尚欠本金：1,400,000.00
　　　上述还贷款项我行已收妥。
　　　　　　　　（银行业务公章）　　　　　办讫章

制票：XX　　　　　　　　　复核：XX　　（6）

（3）计提长期借款利息

2018 年 6 月份长期借款利息计提表

2018 年 6 月 30 日

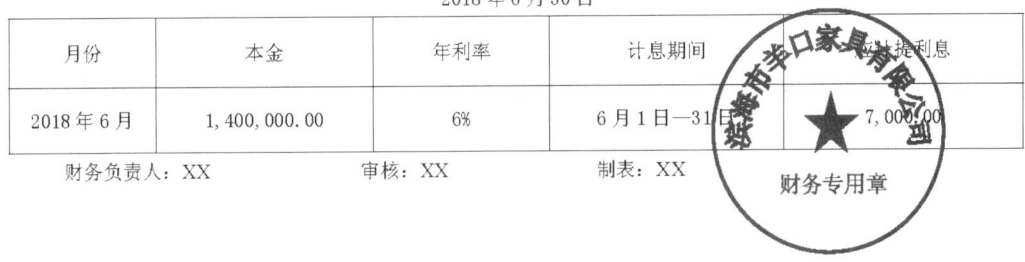

月份	本金	年利率	计息期间	应计提利息
2018 年 6 月	1,400,000.00	6%	6 月 1 日—31 日	7,000.00

财务负责人：XX　　审核：XX　　制表：XX

（4）归还长期借款

（4-1）

企业办理结算收费通知单

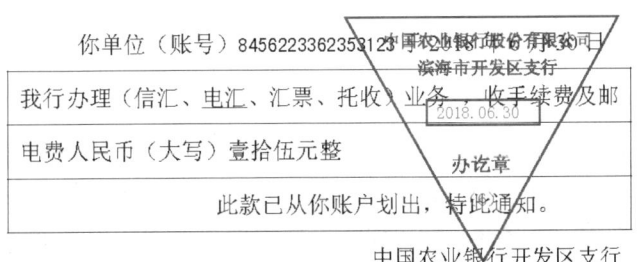

你单位（账号）8456223362353123

我行办理（信汇、电汇、汇票、托收）业务，收手续费及邮
电费人民币（大写）壹拾伍元整
　　此款已从你账户划出，特此通知。
　　　　　　　　　　　中国农业银行开发区支行

（4-2）

中国农业银行　还款凭证

收款日期　2018 年 06 月 30 日　　序号：25841

还款人	滨海市羊口家具有限公司								贷款人	滨海市羊口家具有限公司
存款账户	8456223362353123								贷款账户	2002233623346666
开户银行	中国农业银行开发区支行								开户银行	中国农业银行开发区支行
本息合计币种（大写）	人民币贰拾万元整	千	百	十	万	千	百	十	元	角	分
			￥	2	0	0	0	0	0	0

收回 2015 年 9 月 30 日发放 2018 年 6 月 30 日到期的贷款

本金：200,000.00　　　　利息：0.00

该笔贷款尚欠本金：0.00　　利息：0.00

上述还贷款项我行已收妥。

（银行业务公章）

制票：XX　　　　　　　复核：XX

（二）教学目标

1. 能了解短期借款和长期借款的含义、特点及种类。

2. 能准确辨析长期借款、短期借款的原始单据。

3. 能准确进行长期借款、短期借款会计处理。

4. 能熟练填制记账凭证、登记账簿。

（三）教学资源

1. 教师准备：多媒体PPT课件、滨海市羊口家具有限公司2018年6月份借款相关业务原始单据、记账凭证、账簿、学生工作页、任务操作单

2. 学生自带工具：财会专用笔、计算器、直尺、私章

（四）教学组织

将学生分为6人一组，每小组设两人为组长：一人为成绩优异者，负责理论学习，并辅导其他同学；另一人为组织能力、动手能力见长者，负责任务分工、组织实训操作。在完成筹资岗位会计核算的同时，组内成员轮流担任出纳、会计、主管等角色来完成记账凭证的填制、账簿的登记，由组长对任务及人员进行策划分工，各成员分别承担各自任务。利用PPT多媒体教学课件，展现课程任务；根据课程任务，组织小组讨论，采用教师引领、学生抢答的方式；最后，完成记账凭证的填制、账簿的登记、工作页的填写。

（五）教学过程

阶段	项目教学过程	学生学的活动	教师教的活动
1 项目引入	项目描述	1. 理解短期借款与长期借款的含义、种类 2. 能辨析并核算企业长期借款、短期借款，并进行负债类账簿的登记	1. 展示滨海市羊口家具有限公司2018年6月份有关借款的原始单据 2. 展示任务。本任务是了解短期借款、长期借款的含义、特点及种类，重点掌握短期借款、长期借款会计核算
	知识准备	1. 了解短期借款与长期借款的含义、种类 2. 熟悉"财务费用""应付利息"账户	1. 描述性讲解短期借款与长期借款的含义、种类 2. 解释性讲解"财务费用""应付利息"的核算内容和账户性质
2 项目实施	步骤1 了解借款的含义、特点及种类	1. 了解长、短期借款的含义、特点及种类 2. 辨析原始单据，组内讨论判断长、短期借款的种类	1. 解释性讲解长、短期借款的含义、特点及种类 2. 展示滨海市羊口家具有限公司2018年6月份原始单据
	步骤2 短期借款核算	1. 知识梳理，听教师讲解注意事项，明确任务 2. 小组讨论任务操作单，提出疑问 3. 编制借入短期借款、计提利息、支付利息、到期还本的会计分录，完成工作页 4. 小组展示	1. 展示任务操作单，讲解短期借款利息计提的两种情况 2. 巡视并解答学生提出的疑问 3. 归纳性讲解任务操作单中存在的共性问题，解释性讲解短期借款的核算流程及注意事项 4. 评价讲解各小组"短期借款的核算"学生工作页，激发学生进一步完成"长期借款的核算"学习任务的愿望
	步骤3 长期借款核算	1. 辨析长期借款原始单据 2. 小组讨论任务操作单，提出疑问 3. 根据提供的原始单据，编制借入长期借款、计提利息、支付利息、到期还本的会计分录，完成学生工作页 4. 小组展示	1. 展示滨海市羊口家具有限公司2018年6月份长期借款的原始单据 2. 展示任务操作单，讲解长期借款借入、计提利息、归还本金的核算 3. 巡视并解答学生提出的问题 4. 归纳性讲解任务操作单中存在的共性问题，解释性讲解长期借款的核算流程及注意事项 5. 评价各小组完成情况

续表

阶段	项目教学过程	学生学的活动	教师教的活动
2	项目实施	步骤4 填制记账凭证、登记明细账	1. 根据上述会计分录，分角色完成记账凭证的填制、审核签字和记账工作 2. 根据审核无误的记账凭证和原始凭证登记账簿	1. 强调记账凭证的填制要求及注意事项：摘要简明、日期正确、编号准确 2. 强调账簿登记时凭证的选择，日期、摘要、编号、金额要准确
3	项目总结	项目展示与总体评价	1. 小组展示借款核算的记账凭证和账簿 2. 通过对他人最终成果的优点与不足的评价，提高自己对质量的理解	1. 组织学生展示各组的最终成果 2. 组织学生对最终成果进行互评，让学生通过发现他人的问题提高学生自己对质量的理解
		项目学习小结	积极归纳通过短期借款、长期借款的核算所取得的学习成果	引导学生自我归纳通过短期借款、长期借款的核算所获得的新知识

（六）技能考核

序号	技能	评判结果	
		是	否
1	能准确计算短期借款、长期借款利息		
2	能正确填制记账凭证		
3	能准确完整登记账簿		

二、任务操作单

任务操作单

专业名称	会计电算化	课程名称	企业财务会计
工作任务：短期借款的核算			
注意事项：短期借款利息的支付有"直接支付""先计提后支付"两种情况。			

续表

如果	那么		备注
	类型判定	处理	
1 按月支付	无须计提,直接支付	1. 取得借款 借：银行存款 　　贷：短期借款 2. 每月支付利息 借：财务费用 　　贷：银行存款 3. 到期归还本金 借：短期借款 　　贷：银行存款	P—E P—M P—E
2 按季支付	每月计提,到季支付	1. 取得借款 借：银行存款 　　贷：短期借款 2. 前两个月计提利息 借：财务费用（1个月） 　　贷：应付利息 3. 到季支付利息 借：财务费用（1个月） 　　应付利息（2个月） 　　贷：银行存款 4. 到期归还本金 借：短期借款 　　应付利息（2个月） 　　财务费用（1个月） 　　贷：银行存款	P—E P—M P—M P—M

任务操作单

专业名称	会计电算化	课程名称	企业财务会计

工作任务：长期借款的核算

注意事项：长期借款利息，如果分期付息，计提的利息通过"应付利息"账户核算；如果一次还本付息，计提的利息通过"长期借款—应付利息"账户核算。

步骤		操作方法与说明	核算流程	备注
1	借入长期借款	"长期借款"属于负债类账户，其增加计入贷方	借：银行存款 　　贷：长期借款	P—E

续表

	步骤	操作方法与说明	质量	备注
2	每月末计提长期借款利息，分期付息	1. 长期借款主要包括固定资产投资借款、更新改造借款、科研开发借款等 2. 计提"长期借款"利息时，贷记"应付利息"；支付利息时，借记"应付利息"	1. 属于筹建期间的，计入"管理费用" 借：管理费用 　　贷：应付利息 2. 属于生产经营期间的，计入"财务费用" 借：财务费用 　　贷：应付利息 3. 属于固定资产达到预定可使用状态前的，计入"在建工程"；属于其后的，计入"财务费用" 借：在建工程 　　贷：应付利息 4. 支付利息 借：应付利息 　　贷：银行存款	P-M
3	到期归还本金	"长期借款"属于负债类账户，归还本金后的长期借款减少计入借方	借：长期借款 　　贷：银行存款	P-E

三、学生工作页

学生工作页

任务名称： 短期借款的核算

一、工作内容

1. 滨海市羊口家具有限公司2018年6月1日从农业银行借入本金为20 000元、年利率为6%、期限为5个月的临时借款，利息为每月月末支付，期满一次归还本金。

2. 滨海市羊口家具有限公司2018年7月1日从信业银行借入本金为80 000元、年利率为7%、期限为6个月的临时借款，与银行签订的借款合同为按季支付利息，到期归还本金。

续表

二、工作实施（过程步骤、技术参数、要领等）
1.取得短期借款存入银行。   每月支付短期借款利息   借款期满归还本金   2.取得借款。   每月计提短期借款利息   按季度支付利息   到期还本付息   3.填制记账凭证、登记账簿。

续表

三、工作反思（检验评价、总结拓展等）

1. 短期借款不包括（　　）。
   A. 临时借款　　　　　　　　B. 科研开发借款
   C. 生产经营周转借款　　　　D. 票据贴现借款
2. 企业发生的短期借款利息，计提时应贷记（　　）。
   A. 管理费用　　B. 财务费用　　C. 应付利息　　D. 在建工程
3. 短期借款利息计算不可能涉及的账户是（　　）。
   A. 财务费用　　B. 应付利息　　C. 银行存款　　D. 应计利息
4. 甲企业于2018年6月1日借入6个月的生产经营周转借款50 000元，年利率3%，借款利息按季支付，到期一次还本。

   要求：根据上述业务做出相关分录。

学生工作页

任务名称： 长期借款的核算

一、工作目标（完成工作最终要达到的成果的形式）

1. 编制长期借款会计分录。
2. 填制记账凭证、登记账簿。

二、工作实施（过程步骤、技术参数、要领等）

1. 编制取得借款的会计分录。

2. 编制每月末计提长期借款利息、分期按季付息的会计分录。

续表

3. 编制到期归还本金的会计分录。

4. 填制记账凭证、登记账簿。

三、工作反思（检验评价、总结拓展等）

1. 康华企业2018年6月1日借入固定资产投资款500 000元，期限2年，借款利率为6%。借款合同规定：每年年底归还借款利息，借款期满归还本金。款项借入后即用于工程建设，该工程于2018年12月31日竣工验收后交付使用，2018年年底计息并支付利息。

要求：编制借款存入银行、计提并支付2018年借款利息的会计分录。

2. 顺峰公司2018年6月16日，从人民银行借入2年期的长期借款1 200 000元，年利率10%，期限为2年，分期按季付息到期还本。该借款用于新建办公楼，建造期限为1年。

项目二 出纳岗位会计核算

> **项目描述**
>
> 以滨海市羊口家具有限公司2018年6月份的日常经济业务为背景，完成出纳岗位货币资金的核算以及货币资金的清查。

任务一 货币资金的核算

一、教学设计

（一）任务描述

根据滨海市羊口家具有限公司2018年6月份有关货币资金业务的原始凭证，填制记账凭证，登记库存现金日记账、银行存款日记账。

1.

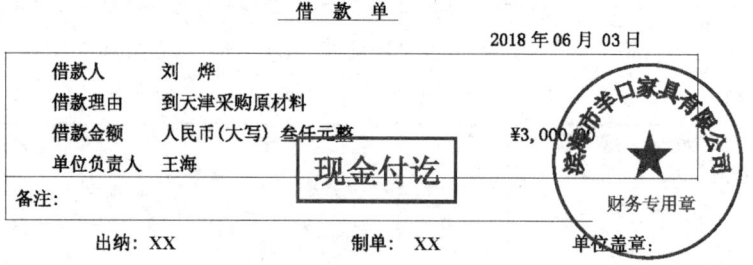

2.

3.

公益性单位接受捐赠统一收据

日期：2018年6月12日　　　　No:200080625389

捐款单位：	滨海市羊口家具有限公司	
事由：	捐款	￥10,000.00
捐款金额（大写）	壹万元整	现金付讫
收款单位：	中华慈善总会	

收款单位（公章）：XX　　审核人：XX　　收款人：XX

第二联　捐款收据

4.

（4-1）

中国农业银行转账支票存根
支票号码：57412866
科目：
对方科目：
签发日期：2018年6月22日
收款人：滨海东城全福元商厦
金额：10716.00
用途：购办公用品
备注：
复核：XX　记账：XX

（4-2）

山东省商品销售统一发票
发票联

发票代码　137070921581
发票号码　33943703
东城全福元商厦 2018.6.22
客户名称　滨海市羊口家具有限公司
品　　名　办公用品
金　　额　10716.00
大　　写　壹万零柒佰壹拾陆元整

开票人：9796
机　号：
票　号：21025493279648
密　码：　　发票专用章

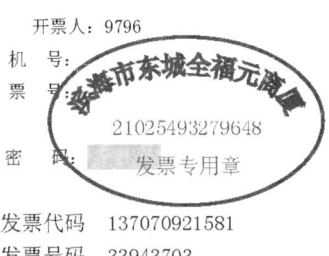

发票代码　137070921581
发票号码　33943703
奖区

5.

（5-1）

统一收款收据

发票联

2018年06月25日

缴款单位	滨海市羊口家具有限公司		
款项内容	代扣代缴消费税	收款方式	转账
人民币（大写）	人民币叁仟元整	￥3,000.00	
备注：收回的物资继续加工应税消费品	收款单位盖章	收款人	

（5-2）

中国农业银行转账支票存根
支票号码：5125526
科　目　_____
对方科目　_____
出票日期 2018 年 06 月 25 日

收款人：青岛市富华木材有限公司
金额：3000.00
用途：支付消费税

单位主管：XX　　会计：XX

6.

（6-1）

山东省增值税专用发票

NO 069879

发票联
山东省

开票日期：2018年 6月 27日

购货单位	名　称	滨海市羊口家具有限公司	密码区	3◇30-2+8+9<+6-1+877<	加密版本号
	纳税人识别号	210019994321016		4>+5960/4376776-/-+/9>	72
	地址、电话	高新区潍北路601号　1234567		7<11/5<1++/22029*47/0	2256036931
	开户行及账号	农行　8456223362353123		8>5<23->>2*09/>>31	0758734

货物或应税劳务名称	规格型号	单位	数量	单价	金额	税率	税额
多层胶合板	1575mm*1380mm	张	40	190.00	7,600.00	16%	1,216.00
胶合板	1200mm*780mm	张	20	40.00	800.00	16%	128.00
合　计			60		8,400.00		1,344.00

价税合计（大写）	人民币玖仟柒佰肆拾肆元整	（小写）￥9,744.00

销售单位	名　称	青岛市富华木材有限公司	备注
	纳税人识别号	21025493276528	
	地址、电话	青岛市李沧区东升路35号	
	开户行及账号	青岛市农业银行　8456223362353189	

收款人：XX　　复核：XX　　开票人：XX　　销货单位（章）

第三联　发票联　购货方记账凭证

（6-2）

（6-3）

中国农业银行 电汇凭证（回　单）

普通　　加急		委托日期 2018 年 6 月 27 日			
汇款人	全　称	滨海市羊口家具有限公司	收款人	全　称	青岛市富华木材有限公司
	账　号	8456223362353123		账　号	8456223362353123
	汇出地点	山东省滨海市		汇入地点	山东省青岛市
	汇出行名称	中国农业银行开发区支行		汇入行名称	青岛市建设银行李沧分行
人民币（大写）		玖仟柒佰肆拾肆元整	百十万千百十元角分		
			¥ 9 7 4 4 0 0		
		支付密码			
		附加信息及用途：			
		汇出行签章			

（二）教学目标

1. 能准确核算库存现金、银行存款的日常业务。
2. 能熟练填制记账凭证，登记库存现金日记账、银行存款日记账。

（三）教学资源

1. 教师准备：多媒体PPT课件、滨海市羊口家具有限公司2018年6月份借款相关业务原始单据、记账凭证、库存现金日记账、银行存款日记账、学生工作页、任务操作单

2. 学生自带工具：财会专用笔、计算器、直尺、私章

（四）教学组织

将学生分为6人一组，每小组设两人为组长：一人为成绩优异者，负责理论学习，并辅导其他同学；另一人为组织能力、动手能力见长者，负责任务分工、组织实训操作。在完成出纳岗位会计核算的同时，组内成员轮流担任出纳、会计、主管等角色来完成记账凭证的填制、账簿的登记，由组长对任务及人员进行策划分工，各成员分别承担各自任务。利用PPT多媒体教学课件，展现课程任务；根据课程任务，组织小组讨论，采用教师引领、学生抢答的方式；最后，完成记账凭证的填制、日记账的登记、工作页的填写。

（五）教学过程

阶段	项目教学过程		学生学的活动	教师教的活动
1	项目引入	项目描述	1.了解货币资金的概念与内容，理解现金的使用和收取范围 2.能完成企业货币资金业务的日常核算，登记库存现金日记账和银行存款日记账	1.展示2018年6月份滨海市羊口家具有限公司货币资金业务的原始单据 2.展示任务。本任务介绍货币资金的概念与内容，以及库存现金和银行存款的管理规定；重点是库存现金和银行存款日常收支业务的核算
		知识准备	了解货币资金的概念与内容，理解货币资金的管理规定	讲解货币资金的概念与内容，以及货币资金的管理规定
		任务定位	1.观看视频，了解日记账的登记方法及要求，听教师讲解注意事项，明确本节学习任务 2.组内合作完成任务操作单、学生工作页，并进行展示 3.组内评价；小组展示；班内评价	1.展示记账凭证、银行存款日记账、库存现金日记账 2.讲解库存现金日记账，银行存款日记账的编制注意事项 3.发放学生工作页、任务操作单 4.逐一指导学生尝试完成任务，判断其任务完成质量，严格纠正存在的错误
2	项目实施	步骤1 货币资金的概念及管理规定	1.了解货币资金的概念及内容 2.理解库存现金的使用和收取范围、库存现金的内部控制及银行存款的管理 3.小组讨论，学生抢答	1.描述性讲解货币资金的概念及内容 2.解释性讲解库存现金的使用和收取范围、库存现金的内部控制及银行存款的管理 3.举例提问学生，查看学生对知识点的掌握情况

续表

阶段	项目教学过程		学生学的活动	教师教的活动
2	项目实施	步骤2 货币资金的核算	1. 小组讨论辨析原始单据 2. 编制库存现金和银行存款业务的会计分录	1. 展示滨海市羊口家具有限公司2018年6月份有关货币资金的原始单据 2. 讲解货币资金的业务单据
		步骤3 编制记账凭证	分角色完成记账凭证的填制、签字及审核工作	强调记账凭证的填制要求及注意事项：摘要简明、日期正确、编号准确
		步骤4 登记银行存款日记账、库存现金日记账	1. 观看视频，了解日记账的登记方法及要求 2. 根据填制无误的记账凭证，完成银行存款日记账、库存现金日记账的登记工作	1. 播放视频，强调银行存款日记账、库存现金日记账编制的注意事项 2. 巡查指导学生，对学生提出的疑问及时给予解答指导 3. 归纳性讲解登记日记账过程中存在的共性问题
3	项目总结	项目展示与总体评价	1. 小组展示货币资金核算的记账凭证、库存现金日记账和银行存款日记账 2. 通过对他人最终成果的优点与不足的评价，提高自己对质量的理解	1. 组织学生展示各组的记账凭证和日记账 2. 组织学生对最终成果进行互评，让学生通过发现他人的问题提高学生自己对质量的理解
		项目学习小结	积极归纳通过货币资金核算所取得的学习成果	引导学生自我归纳通过货币资金核算所获得的新知识

（六）技能考核

序号	技能	评判结果	
		是	否
1	能准确辨析货币资金的收取和支付范围		
2	能正确填制记账凭证		
3	能及时登记库存现金日记账、银行存款日记账		

二、任务操作单

任务操作单				
专业名称	会计电算化		课程名称	企业财务会计
工作任务：货币资金的核算 根据滨海市羊口家具有限公司2018年6月份有关货币资金业务填制记账凭证，登记库存现金日记账、银行存款日记账。				
注意事项：填制记账凭证时，注意区分记账凭证类别——现收、现付，银收、银付。				
	步骤	操作方法与说明	业务流程	备注
1	编制库存现金收付款会计分录	现金的适用范围 1. 职工工资、各种工资性津贴 2. 个人劳务报酬	借：管理费用 　　贷：库存现金 借：库存现金 　　贷：其他应收款	P-E
2	编制银行存款收付款会计分录	3. 支付给个人的各种奖金 4. 各种劳保、福利费用以及国家规定的对个人的其他现金支出 5. 收购单位向个人收购农副产品和其他物资支付的价款 6. 出差人员必须随身携带的差旅费 7. 结算起点在1000元以下的零星支出。 现金的收取范围： 单位或个人交回的赔偿款、备用金退回款、差旅费剩余款	借：原材料 　　应交税费—应交增值税 　　（进项税额） 　　贷：银行存款 借：银行存款 　　贷：库存现金 借：银行存款 　　贷：主营业务收入 　　应交税费—应交增值税 　　（销项税额）	P-E
3	填制记账凭证	凭证类别使用正确，项目齐全、数字准确、摘要清楚、字迹工整，划线用S型或斜线型	根据会计分录，分别填制现收、现付、银收、银付记账凭证	P-M
4	登记库存现金、银行存款日记账	凭证选择正确，日期小写清晰，摘要简明扼要，金额小写，字体书写占半格	1. 根据现收、现付、银付记账凭证登记库存现金日记账 2. 根据银收、现付、银付记账凭证登记银行存款日记账	P-M

任务二 货币资金清查的核算

一、教学设计

（一）任务描述

根据滨海市羊口家具有限公司2018年6月份库存现金日记账与现金实际库存数的核对，完成"现金盘点报告表"的编制；依据报告表完成库存现金盘盈、盘亏的业务处理。根据滨海市羊口家具有限公司2018年6月份银行存款日记账及银行对账单，完成"银行存款余额调节表"的编制。

库存现金盘点报告表

年　　月　　日

单位名称：

实存金额	账存金额	盈亏情况		备注
		盘盈数	盘亏数	

处理意见：

主管：　　　　　　　　　会计：　　　　　　　　　出纳：

银行存款日记账

2018年		记账凭证		摘要	结算凭证		收入	支出	余额
月	日	字	号		种类	号数			
6	1			期初余额					250,000.00
	4	银付	228	付购料款	转支	45		200,000.00	50,000.00
	5	银付	229	付运费	转支	46		1,000.00	49,000.00
	16	银付	108	收销货款	电汇		234,000.00		283,000.00
	27	银付	230	付购料款	电汇			90,000.00	193,000.00
	29	银付	231	付修理费	转支	47		25,000.00	168,000.00

续表

2018年		记账凭证		摘要	结算凭证		收入	支出	余额
月	日	字	号		种类	号数			
	30	银付	109	收销货款	转支	127	150,000.00		318,000.00
	30			本月合计			384,000.00	316,000.00	318,000.00

银行对账单

2018年		结算凭证		收入	支出	余额
月	日	种类	号数			
6	1					250,000.00
	4	电汇		234,000.00		484,000.00
	6	转支	46		1,000.00	483,000.00
	18	转支	45		200,000.00	283,000.00
	28	信汇			23,000.00	250,000.00
	28	汇票	148	3,200.00		253,200.00
	29	信汇		60,000.00		313,200.00
	30	电汇			90,000.00	233,200.00
	30			297,200.00	314,000.00	233,200.00

银行存款余额调节表

编制单位：　　　　　　　　年　　月　　日　　　　　　　　单位：元

项目	金额	项目	金额
企业银行存款日记账余额		银行对账单余额	
加：银行已收企业未收的款项		加：企业已收银行未收的款项	
减：银行已付企业未付的款项		减：企业已付银行未付的款项	
调节后余额		调节后余额	

（二）教学目标

1. 能运用实地盘点的方法完成库存现金的清查并填制库存现金盘点报告表。
2. 能根据报告表完成库存现金盘盈、盘亏的业务处理，填制记账凭证。
3. 能运用核对账目的方法完成银行存款的清查。
4. 能编制银行存款余额调节表。

（三）教学资源

1. 教师准备：多媒体PPT课件、滨海市羊口家具有限公司2018年6月份货币资金清查相关业务原始单据、记账凭证、账簿、学生工作页、任务操作单
2. 学生自带工具：财会专用笔、计算器、直尺、私章

（四）教学组织

将学生分为6人一组，每小组设两人为组长：一人为成绩优异者，负责理论学习，并辅导其他同学；另一人为组织能力、动手能力见长者，负责任务分工、组织实训操作。在完成出纳岗位会计核算的同时，组内成员轮流担任出纳、会计、主管等角色来完成记账凭证的填制、账簿的登记，由组长对任务及人员进行策划分工，各成员分别承担各自任务。利用PPT多媒体教学课件，展现课程任务；根据课程任务，组织小组讨论，采用教师引领、学生抢答的方式；最后，完成记账凭证的填制、账簿的登记、工作页的填写。

（五）教学过程

阶段	项目教学过程		学生学的活动	教师教的活动
1	项目引入	项目描述	1. 了解货币资金清查的方法，理解未达账项的含义 2. 能编制货币资金盘点报告表、银行存款余额调节表	1. 展示任务。本任务是了解货币资金清查的方法、理解未达账项的含义、正确设置使用有关清查账户；通过学习，让学生能进行货币资金清查的会计处理，能正确编制银行存款余额调节表 2. 培养学生自觉保护企业财产安全的责任感
		知识准备	理解货币资金清查的方法、未达账项的分类	讲解货币资金清查的方法、未达账项的四种情况

续表

阶段	项目教学过程	学生学的活动	教师教的活动
2	步骤1 库存现金的清查（项目实施）	1. 了解货币资金的实地盘点法 2. 独立完成现金盘点报告表的编制，判断库存现金盘盈、盘亏情况 3. 小组讨论"待处理财产损益"账户，合作完成库存现金清查的工作页	1. 提供2018年6月份滨海市羊口家具有限公司现金日记账（上节课的库存现金日记账）及现金实际库存数 2. 讲解现金盘点报告表的编制方法 3. 解释性讲解"待处理财产损益"清查账户，库存现金盘盈、盘亏的账务处理 4. 巡查指导学生，对学生提出的疑问及时给予解答指导
	步骤2 银行存款的清查	1. 观察发现银行存款日记账和银行对账单余额不相符，提出疑问 2. 理解未达账项的概念及种类 3. 小组讨论完成未达账项的查找 4. 独立完成银行存款余额调节表的编制	1. 展示滨海市羊口家具有限公司2018年6月份的银行存款日记账和银行对账单 2. 针对疑问，讲解未达账项的概念及种类 3. 讲解如何查找未达账项 4. 讲解银行存款余额调节表的编制方法
3	项目展示与总体评价（项目总结）	1. 展示学生工作页和银行存款余额调节表 2. 通过对他人最终成果的优点与不足的评价，提高自己对质量的理解	1. 组织学生展示各组或各人的最终成果 2. 组织学生对最终成果进行互评，让学生通过发现他人的问题提高学生自己对质量的理解
	项目学习小结	积极归纳通过货币资金清查所取得的学习成果	引导学生自我归纳通过货币资金清查所获得的新知识

（六）技能考核

序号	技能	评判结果	
		是	否
1	能正确填制库存现金盘点报告表		
2	能正确编制银行存款余额调节表		

二、任务操作单

任务操作单

| 专业名称 | 会计电算化 | 课程名称 | 企业财务会计 |

工作任务： 库存现金清查的核算

　　6月份，滨海市羊口家具有限公司对库存现金进行清查。已知6月份库存现金实有数额及日记账余额，判断库存现金实有数与账存数的大小，并进行相应账务处理。

注意事项： 现金出现无法查明原因的情况下，短缺计入"管理费用"，溢余计入"营业外收入"，会计科目是不同的。

	如果	那么		备注
		类型判定	处理	
1	实存数>账存数	现金溢余	1. 库存现金增加，计入"待处理财产损溢" 2. 查明原因后 A. 属于应由责任人赔偿或者保险公司赔偿的部分，计入"其他应收款" B. 属于无法查明原因或有其他原因的，计入"管理费用"	P-M
2	实存数=账存数	账实相符	不需要进行账务处理	P-E
3	实存数<账存数	现金短缺	1. 库存现金减少，计入"待处理财产损溢" 2. 查明原因后 A. 属于应付给有关人员或单位的，计入"其他应付款" B. 属于无法查明原因或有其他原因的，计入"营业外收入"	P-M

任务操作单

| 专业名称 | 会计电算化 | 课程名称 | 企业财务会计 |

工作任务： 库存现金清查的核算

续表

注意事项： 库存现金的清查使用实地盘点法；现金盘点表的单位为元；针对不同的批准处理意见，现金短缺、溢余分别计入不同的会计科目。

	步骤	操作方法与说明	质量	备注
1	盘点货币资金实有数额	A. 使用实地盘点法清查库存现金实有数额	盘点数额准确	P-E
2	编制现金盘点报告表	根据现金实际库存数额和现金日记账余额，编制库存现金盘点报告表 **库存现金查点报告表** 单位名称：　　　　年　月　日 | 实存金额 | 账存金额 | 对比结果 | 备注 | |　|　| 现金溢余 | 现金短缺 |　| 盘点人(签章)　　　　出纳员(签章) A. 实存金额：按照盘点实有数填写 B. 库存金额：按照现金日记账余额填写 C. 现金溢余：实存数>账存数 D. 现金短缺：实存数<账存数	单位名称，日期，实存账存数，现金短缺、溢余数额要用黑色碳素笔填写，要求字迹清晰、无涂画	P-E
3	分析不同情况编制记账凭证	A. 根据现金短缺、溢余情况，结转计入"待处理财产损益" B. 现金短缺，查明原因后分别计入"其他应收款""管理费用" C. 现金溢余，查明原因后分别计入"其他应付款""营业外收入" D. 编制记账凭证	会计科目使用正确 准确判断不同原因下对应计入的相关会计科目 日期、摘要、金额、方向、会计科目填制正确，使用蓝黑色中性笔填写，金额空余部分要画斜线	P-M
4	登记库存现金日记账	根据记账凭证，登记库存现金日记账日期、摘要、金额、方向、会计科目根据记账凭证——填列	日期、摘要、金额、方向、会计科目根据记账凭证——填列准确	P-E

三、学生工作页

学生工作页

任务名称： 库存现金清查的核算

一、工作目标（完成工作最终要达到的成果的形式）

2018年6月15日，滨海市羊口家具有限公司进行货币资金清查，发现现金实际库存数额为1300元，现金日记账余额为1400元。经调查，出纳员有一定责任，需赔偿80元。

1. 编制库存现金盘点报告表。
2. 填制记账凭证。
3. 登记现金日记账。

二、工作实施（过程步骤、技术参数、要领等）

1. 使用实地盘点法，清查库存现金实有数额。
2. 根据现金库存表数额和现金日记账余额，编制库存现金盘点报告表。

库存现金查点报告表

单位名称：　　　　　　　年　月　日

实存金额	账存金额	对比结果		备注
		现金溢余	现金短缺	

盘点人(签章)　　　　　　出纳员(签章)

3. 根据现金短缺、溢余情况，结转计入"待处理财产损益"。

4. 经批准后计入相应会计科目。

5. 填制记账凭证。

续表

6.登记现金日记账。

三、工作反思（检验评价、总结拓展等）

2018年6月30日，滨海市羊口家具有限公司进行货币资金清查，发现现金实有数额为2 800元，现金日记账余额为2 600元。根据上述资料进行账务处理。

学生工作页

任务名称： 银行存款清查的核算

一、工作目标（完成工作最终要达到的成果的形式）

编制银行存款余额调节表。

二、工作实施（过程步骤、技术参数、要领等）

1.根据银行对账单和银行存款日记账，核对已达账项。

2.对已经勾对完成已达账项的对账单和银行存款余额调节表，逐条分析未达账项情况。

3.将未达账项分不同情况计入表格。

银行存款余额调节表

编制单位：　　　　　　　　　　　　　　年　月　日

项目	金额	项目	金额
企业银行存款日记账余额		银行对账单余额	
加：银行已收企业未收的款项		加：企业已收银行未收的款项	
减：银行已付企业未付的款项		减：企业已付银行未付的款项	
调节后余额		调节后余额	

三、工作反思（检验评价、总结拓展等）

济南茂昌公司2018年7月31日的银行存款账户余额为201 287元，银行对账单显示其7月31日的银行存款余额为346 550元。通过对银行对账单、企业的存款日记账以及其他的一些资料进行分析，发现下列内容：

续表

（1）公司签发支票购买办公用品200 384元，银行未记账；
（2）公司于8月31日存入银行的款项114 821元，银行未记账；
（3）银行代公司收回票据款162 000元，尚未通知企业；
（4）公司签发支票11 000元用来购买办公用品，银行误记为110 000元；
（5）公司签发的支票8 600元，对账单的记录无误，但公司误记为6 800元；
（6）8月份，银行收取服务费1 500元，未通知公司。

要求：根据上述资料编制银行存款余额调节表。

项目三　存货岗位会计核算

项目描述

以滨海市羊口家具有限公司2018年6月份的日常经济业务为背景，完成原材料、委托加工物资、存货清查的核算。

任务一　原材料的核算

一、教学设计

（一）任务描述

根据滨海市羊口家具有限公司2018年6月份发生的经济业务，分别按照实际成本计价、计划成本计价的方法进行核算，多层胶合板的计划单位成本为200元/张，胶合板的计划成本为35元/张，钢板的计划单价为5 000元/吨，钢管的计划单价为5 000元/吨。

1. 单货同到

（1-1）

山东省增值税专用发票　　　　　　　NO　069903

发票联

开票日期：2018年 6月 2日

购货单位	名　称：	滨海市羊口家具有限公司			密码区	3〈〉30-2+8+9〈+6-1+869〈	加密版本号
	纳税人识别号：	210019994321016				4〉+5960/4326776-/-+/9〉	72
	地址、电话：	高新区潍北路601号　1234567				7〈11/5〈1++/22028*47/0	2256036931
	开户行及账号：	农行　8456223362353123				8〉5〈26-〉〉2+09/〉〉31	0758734
货物或应税劳务名称	规格型号	单位	数量	单价	金额	税率	税额
多层胶合板	1575mm*1380mm	张	40	190.00	7,600.00	16%	1,216.00
胶合板	1200mm*780mm	张	20	40.00	800.00	16%	128.00
合　　计			60		8,400.00		1,344.00
价税合计（大写）	人民币玖仟柒佰肆拾肆元整				（小写）￥9,744.00		
销售单位	名　称：	青岛市富华木材有限公司			备注		
	纳税人识别号：	21025493276528					
	地址、电话：	青岛市李沧区东升路35号					
	开户行及账号：	青岛市农业银行　8456223362353189					
收款人：XX		复核：XX		开票人：XX		销货单位（章）	

（1-2）

山东省增值税专用发票

NO 069903

开票日期：2018年 6月2日

购货单位	名　　称：	滨海市羊口家具有限公司	密码区	3〇30-2+8+9<+6-1+869<	加密版本号
	纳税人识别号：	210019994321016		4>+5960/4326776-/-+/9>	72
	地址、电话：	高新区潍北路601号 1234567		7<11/5<1++/22028*47/0	2256036931
	开户行及账号：	农行 8456223362353123		8>5<26->>2*09/>>31	0758734

货物或应税劳务名称	规格型号	单位	数量	单价	金额	税率	税额
多层胶合板	1575mm*1380mm	张	40	190.00	7,600.00	16%	1,216.00
胶合板	1200mm*780mm	张	20	40.00	800.00	16%	128.00
合　　计			60		8,400.00		1,344.00

价税合计（大写）	人民币玖仟柒佰肆拾肆元整	（小写）￥9,744.00

销售单位	名　　称：	青岛市富华木材有限公司	备注	
	纳税人识别号：	21025493276528		
	地址、电话：	青岛市李沧区东升路35号		
	开户行及账号：	青岛市农业银行 8456223362353189		

收款人：XX　　复核：XX　　开票人：XX　　销货单位（章）

（1-3）

中国农业银行 电汇凭证（回单）

普通　　加急　　委托日期 2018年 6月02日

汇款人	全　称	滨海市羊口家具有限公司	收款人	全　称	青岛市富华木材有限公司
	账　号	8456223362353123		账　号	8456223362353189
	汇出地点	山东省滨海市		汇入地点	山东省青岛市
	汇出行名称	中国农业银行开发区支行		汇入行名称	青岛市农业银行李沧分行

人民币（大写）	玖仟柒佰肆拾肆元整	百	十	万	千	百	十	元	角	分
				￥	9	7	4	4	0	0

办讫章　　支付密码
附加信息及用途：
汇出行签章

（1-4）

企业办理结算收费通知单

你单位（账号）8456223362353123 于 2018年6月02日

我行办理（信汇、电汇、汇票、托收）业务，收取续费及邮电费人民币（大写）壹拾伍元整

此款已从你账户划出，特此通知。

中国农业银行开发区支行

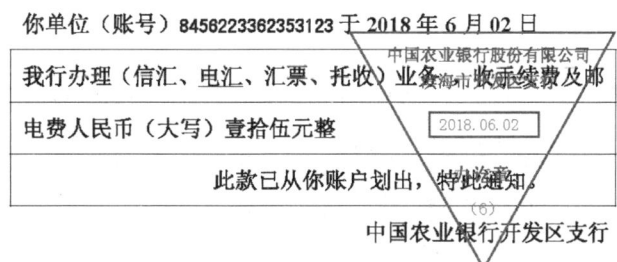

（1-5）

货物运输业增值税专用票

3707183760				№ 00386386	
3707183760 00386386				日期：2018年6月02日	
承运人及纳税人识别号	青岛市万通物流有限公司 21001999432165		密码区	4>+5960/4326776-/-+/9> 7<11/5<1++/22028*44/0 8>5<22->>2*09/>>31	
实际受票方及纳税人识别号	滨海市羊口家具有限公司 210019994321016				
收货人及纳税人识别号	滨海市羊口家具有限公司 210019994321016		发货人及纳税人识别号	青岛市富华木材有限公司 21025493276528	
起运地、经由、到达地		青岛——滨海			
费用项目及金额	费用项目 运费	金额 2,000.00	运输货物信息	多层胶合板，40张 胶合板，20张	
合计金额	¥2,220.00	税率 10%	¥200.00	机器编号	
价税合计（大写）	人民币贰仟贰佰元整			（小写）¥2,200.00	
车种车号		车船吨位		备注	
主管税务机关及代码	青岛市国家税务局 137240236				
收款人：XX		复核人：XX	复核人：XX	承运：XX	

第二联：抵扣联 受票方抵扣税凭证

（1-6）

货物运输业增值税专用票

3707183760				№ 00386386	
3707183760 00386386				日期：2018年6月02日	
承运人及纳税人识别号	青岛市万通物流有限公司 21001999432165		密码区	4>+5960/4326776-/-+/9> 7<11/5<1++/22028*44/0 8>5<22->>2*09/>>31	
实际受票方及纳税人识别号	滨海市羊口家具有限公司 210019994321016				
收货人及纳税人识别号	滨海市羊口家具有限公司 210019994321016		发货人及纳税人识别号	青岛市富华木材有限公司 21025493276528	
起运地、经由、到达地		青岛——滨海			
费用项目及金额	费用项目 运费	金额 2,000.00	运输货物信息	多层胶合板，40张 胶合板，20张	
合计金额	¥2,220.00	税率 10%	¥200.00	机器编号	
价税合计（大写）	人民币贰仟贰佰元整			（小写）¥2,200.00	
车种车号		车船吨位		备注	
主管税务机关及代码	青岛市国家税务局 137240236				
收款人：XX		复核人：XX	复核人：XX	承运：XX	

第三联：发票联 受票方记账凭证

（1-7）

滨海市羊口家具有限公司材料验收单

供货单位：滨海市富华木材有限公司　　　　材料类别：原材料
仓　　库：2　　　　　　　　　　　　　　　2018年 6月 02日

| 编号 | 材料名称 | 单位 | 数量 | | 实际成本 | | | | 备注 |
| | | | 应收 | 实收 | 买价 | | 运费 | 合计 | |
					单价	合计			
1	多层胶合板	张	40	39					运输中合理损耗
2	胶合板	张	20	20					
	合计		60	59					运费按实收数量分摊计入成本
备注					验收人盖章			合计	

会计：　　　复核：　　　记账：　　　收料：　　　制单：

2. 单到而货后到

（2-1）

山东增值税普通发票　　　　　NO 060387

发票联　　　　　　　　　开票日期：2018年 6月 10日

购货单位	名　　　称：	滨海市羊口家具有限公司	密码区	3<>30-2+8+9<+6-1+861<	加密版本号
	纳税人识别号：	210019994321016		4>+5960/4326776-/-+/9>	72
	地址、电话：	高新区潍北路601号　1234567		7<11/5<1++/22028*57/0	2256036931
	开户行及账号：	工行　8456223362353123		8>5<22->>2*09/>>31	0758734

货物或应税劳务名称	规格型号	单位	数量	单价	金额	税率	税额
钢板	1.2cm*1200cm	吨	40	5,000.00	200,000.00	16%	32,000.00
钢管	2.5mm*30mm	吨	20	4,800.00	96,000.00	16%	15,360.00
合　　计			60		296,000.00		47,360.00

| 价税合计（大写） | 人民币叁拾肆万叁仟叁佰陆拾元整 | | （小写）￥343,360.00 |

销售单位	名　　　称：	济南市历城区万东钢材厂	备注	
	纳税人识别号：	21025493276784		转账
	地址、电话：	济南市历城区北关路56号		21025493276784
	开户行及账号：	历城区农业银行 8456223362357895		发票专用章

收款人：XX　　复核：XX　　开票人：XX　　销货单位（章）

（2-2）

滨海市羊口家具有限公司材料验收单

供货单位：滨海市大昌股份有限公司　　　　　　材料类别：原材料
仓　　库：2　　　　　　　　　　　　　　　　　2018 年 6 月 15 日

编号	材料名称	单位	数量 应收	数量 实收	实际成本 买价 单价	实际成本 买价 合计	运费	合计	备注
1	钢板	吨	40	40	5,800.00	232,000.00	0	232,000.00	运费按实收数量分摊计入成本
2	钢管	吨	20	20	5,568.00	111,360.00	0	111,360.00	
	合计		60	60	11,368.00	343,360.00	0	343,360.00	
备注					验收人盖章			合计	

会计：XX　　复核：XX　　记账：XX　　收料：XX　　制单：XX

3. 货到而单未到

滨海市羊口家具有限公司原辅材料暂估入账凭条

日期：2018 年 6 月 30 日　　入库单号：I2009010201　　来源单号：CR101008003
购货单位：滨海市羊口家具有限公司　　　　销货单位：长虹公司
仓库名称：天成公司 1#材料库　　　　　　业务类别：生产性物资采购

物料名称	货物名称	计量单位	数量	单价	金额	金额 十万千百十元角分
钢板	钢板	吨	3	5,000.00		1 5 0 0 0 0 0
合计	人民币壹万伍仟元整					￥ 1 5 0 0 0 0 0

会计：XX　　复核：XX　　记账：XX　　收料：XX　　制单：XX

4. 实际成本下材料发出

材料耗用汇总表

2018 年 6 月 30 日　　　　　　　　　字第 1257 号

使用部门	胶合板 单位	胶合板 数量	胶合板 金额（元）	钢板 单位	钢板 数量	钢板 金额（元）	合计金额（元）
课桌耗用	张	100	4,000.00	吨	3	15,000.00	19,000.00
课椅耗用	张	60	2,400.00	吨	1	5,000.00	7,400.00
车间一般耗用	张	10	400.00	吨	1	5,000.00	5,400.00
管理部门耗用	张	5	200.00				200.00
销售部门耗用	张	3	120.00				120.00
合计		178	7,120.00		5	25,000.00	32,120.00

财务负责人：XX　　　审核：XX　　　制表：XX

5.计划成本下材料发出

领 料 单

领料车间（部门）：基本生产车间
用途：生产车间一般耗用　　　　2018年6月30日　　　　　　　　编号：385

材料编号	材料名称	规格	计量单位	数量		计划成本	
				请领	实发	单位成本	金额
103	钢管	2.5mm×30mm	吨	0.6	0.6	5,000.00	3,000.00

备注：
记账：XX　　　　发料：XX　　　　领料单位负责人：XX　　　　业务专用章　领料：XX

（二）教学目标

1.能理解"原材料""在途物资""材料采购""材料成本差异"账户性质及核算内容。

2.能准确进行实际成本计价方法的会计核算。

3.能准确进行实际成本计价方法的会计核算。

4.能熟练填制记账凭证、登记数量金额式明细账。

（三）教学资源

1.教师准备：多媒体PPT课件、滨海市羊口家具有限公司2018年6月份原材料相关业务原始单据、记账凭证、账簿、学生工作页、任务操作单

2.学生自带工具：财会专用笔、计算器、直尺、私章

（四）教学组织

将学生分为6人一组，每小组设两人为组长：一人为成绩优异者，负责理论学习，并辅导其他同学；另一人为组织能力、动手能力见长者，负责任务分工，组织实训操作。在完成筹资岗位会计核算的同时，组内成员轮流担任出纳、会计、主管等角色来完成记账凭证的填制、账簿的登记，由组长对任务及人员进行策划分工，各成员分别承担各自任务。利用PPT多媒体教学课件，展现课程任务；根据课程任务，组织小组讨论，采用教师引领、学生抢答的方式；最后，完成记账凭证的填制、账簿的登记、学生工作页的填写。

（五）教学过程

阶段	项目教学过程		学生学的活动	教师教的活动
1	项目引入	项目描述	1. 理解存货的概念及入账价值的确定 2. 理解该项目要达到的学习目标，能完成存货按实际成本和计划成本进行的核算	1. 展示滨海市羊口家具有限公司2018年6月份的有关存货的日常经济业务 2. 展示任务。本任务是了解存货的概念，理解存货入账价值的确定。重点在于存货按实际成本进行核算，难点在于存货按计划成本进行核算
		知识准备	1. 了解存货计划成本与实际成本计价的区别 2. 理解实际成本和计划成本下相关账户的设置和使用	1. 讲解实际成本下"原材料""在途物资"账户性质及核算内容 2. 讲解计划成本下"原材料""材料采购""材料成本差异"账户性质及核算内容
2	项目实施	步骤1 存货入账价值的确定	1. 了解存货的取得方式 2. 理解外购存货的成本，包括买价、相关税费、运输费、保险费、运输途中的合理损耗等	1. 讲解存货取得的方式，主要有外购和自制 2. 讲解外购存货成本包括的内容，主要有购买价款、相关税费、运输费、保险费、装卸费、仓储费、运输途中的合理损耗、入库前的挑选整理费用等
		步骤2 按实际成本计价核算	1. 小组讨论"料单同到""单到而料未到""料到而单未到"三种情况下原始单据的不同 2. 知识梳理，听教师讲解注意事项，共同完成实际成本计价核算的学生工作页	1. 展示2018年6月份滨海市羊口家具有限公司原始单据 2. 讲解实际成本下任务操作单中三种不同情况下的账务处理 3. 巡查指导学生，对学生提出的疑问及时给予解答指导

续表

阶段	项目教学过程		学生学的活动	教师教的活动
2	项目实施	步骤3 按计划成本计价核算	1. 理解实际成本下"原材料"账户核算的是计划成本、计划成本下"原材料"账户核算的是计划成本 2. 理解料单同到实际成本与计划成本核算的不同 3. 小组合作，共同完成计划成本计价核算的学生工作页	1. 讲解实际成本下与计划成本下"原材料"账户核算内容的不同 2. 讲解计划成本下任务操作单中三种不同情况下的账务处理 3. 逐一指导学生完成任务，指出其存在的问题并严格纠正存在的错误 4. 在任务完成基础上，解释性讲解"原材料""在途物资""材料采购""材料成本差异"账户的核算内容与成本计价核算程序
		步骤4 填制记账凭证、登记账簿	1. 分角色完成记账凭证的填制、签字及审核工作 2. 观看视频，根据填制无误的记账凭证和原始凭证完成数量金额式明细账的登记	1. 巡视检查学生记账凭证的填制工作 2. 视频展示数量金额式明细账的登记要求及注意事项
3	项目总结	项目展示与总体评价	1. 小组展示学生工作页、记账凭证、数量金额式明细账 2. 通过对他人最终成果的优点与不足的评价，提高自己对质量的理解	1. 组织学生展示各组或各人的最终成果 2. 组织学生对最终成果进行互评，让学生通过发现他人的问题提高学生自己对质量的理解
		项目学习小结	积极归纳通过存货计价成本的核算所取得的学习成果	引导学生自我归纳通过存货计价成本的核算所获得的新知识

（六）技能考核

序号	技能	评判结果	
		是	否
1	能准确计算材料成本差异		
2	能正确填制记账凭证		
3	能进行数量金额式账簿的登记		

二、任务操作单

任务操作单

专业名称 会计电算化　　　　　**课程名称** 企业财务会计

工作任务： 存货按实际成本计价核算

注意事项： 实际成本下"在途物资"与"原材料"账户的核算内容

	如果	那么		备注
		类型判定	处理	
1	款项已付或者未付；材料已运抵企业并验收入库，同时收到采购发票	料单同到	借：原材料 　　应交税费——应交增值税（进项税额） 贷：银行存款 　　应付账款	P-E
2	采购发票已到；款项已付或者未付，材料尚未运抵企业或尚未入库	单到而料未到	1. 单到： 借：在途物资 　　应交税费——应交增值税（进项税额） 贷：应付账款 　　银行存款 2. 料到后： 借：原材料 贷：在途物资	P-M

续表

如果		那么		备注
		类型判定	处理	
3	材料已验收入库，尚未收到采购发票	料到而单未到	1. 料到：不进行账务处理 2. 月底暂估入账： 　借：原材料 　　贷：应付账款——暂估应付账款 3. 下月月初，红字冲回： 　借：原材料 　　贷：应付账款——暂估应付账款	P-M

任务操作单

专业名称	会计电算化		课程名称	企业财务会计

工作任务： 存货按计划成本计价核算

注意事项： "原材料"账户核算原材料的收、发、存的计划成本；"材料采购"账户核算材料采购过程中发生的实际成本，包括买价、运杂费等；"材料成本差异"账户核算计划成本下实际成本与计划成本的差异。

如果		那么		备注
		类型判定	处理	
1	款项已付或者未付；材料已运抵企业并验收入库，同时收到采购发票	料单同到	1. 料单同到： 　借：材料采购 　　　应交税费——应交增值税 　　　　（进项税额） 　　贷：银行存款 　　　　应付账款 2. 材料验收入库后： 　借：原材料 　　　材料成本差异（超支） 　　贷：材料采购 　　　　材料成本差异（节约）	P-D

续表

	如果	那么		备注
		类型判定	处理	
2	采购发票已到；款项已付或者未付，材料尚未运抵企业或尚未入库	单到而料未到	1. 单到： 借：材料采购 　　应交税费—应交增值税 　　　（进项税额） 　贷：银行存款 2. 材料验收入库后： 借：原材料 　　材料成本差异（超支） 　贷：材料采购 　　　材料成本差异（节约）	P-D
3	材料已验收入库，尚未收到采购发票	料到而单未到	1. 料到：不进行账务处理 2. 月底暂估入账： 借：原材料 　贷：应付账款—暂估应付账款 3. 下月初，红字冲回： 借：原材料 　贷：应付账款—暂估应付账款	P-M

三、学生工作页

学生工作页

任务名称： 存货按实际成本计价核算

一、工作目标（完成工作最终要达到的成果的形式）
1. 企业外购存货成本确定。 2. 编制原材料购入不同情况下的会计分录，填制记账凭证。 3. 编制材料验收单。
二、工作实施（过程步骤、技术参数、要领等）
1. 外购存货的成本包括：

续表

2.编制原材料"单货同到"情况下的会计分录。

3.编制原材料"单到货后到"情况下的会计分录。

4.编制原材料"货到单未到"情况下的会计分录。

5.填制记账凭证。

三、工作反思（检验评价、总结拓展等）

大华公司为增值税一般纳税人，材料按实际成本核算，2018年6月发生以下经济业务：

（1）6月2日，从卡吉公司购入甲材料一批，价款10 000元，增值税款1 600元。甲材料已运抵企业并验收入库，已用银行存款支付了货款。

（2）6月5日，从卡吉公司购入乙材料一批，价款20 000元，增值税款3 200元。已开出商业汇票，乙材料尚未到达公司。

（3）6月10日，购入材料已到达公司并验收入库。

（4）6月28日，从卡吉公司购入甲材料一批，材料已验收入库，甲材料的计划成本10 000元；月末，账单未到。

学生工作页

任务名称： 存货按计划成本计价核算

一、工作目标（完成工作最终要达到的成果的形式）

1.企业外购存货成本确定。
2.编制原材料购入不同情况下的会计分录，填制记账凭证。
3.编制材料验收单。

续表

二、工作实施（过程步骤、技术参数、要领等）

1. 外购存货的成本包括：

2. 编制原材料"单货同到"情况下的会计分录。

3. 编制原材料"单到货后到"情况下的会计分录。

4. 编制原材料"货到单未到"情况下的会计分录。

5. 填制记账凭证。

三、工作反思（检验评价、总结拓展等）

美化公司为增值税一般纳税人，材料按计划成本核算。月初，"原材料"账户余额为200 000元，"材料成本差异"账户借方余额为3 000元，"材料采购"账户余额为40 000元。本月发生下列业务：

（1）上月在途材料入库，计划成本39 000元。

（2）购买原材料价款400 000元，运费2 000元，增值税税率16%，计划成本403 000元，已验收入库并已付款。（注：运费中可抵扣的增值税税率为10%）

（3）购买原材料价款2 000 000元，增值税税率16%，计划成本为195 000元，已付款，货未到。

任务二　委托加工物资的核算

一、教学设计

（一）任务描述

根据滨海市羊口家具有限公司2018年6月份有关委托加工物资的会计资料，完成拨付物资、支付加工费及收回加工物资的核算。

1. 拨付物资及支付运费

（1-1）

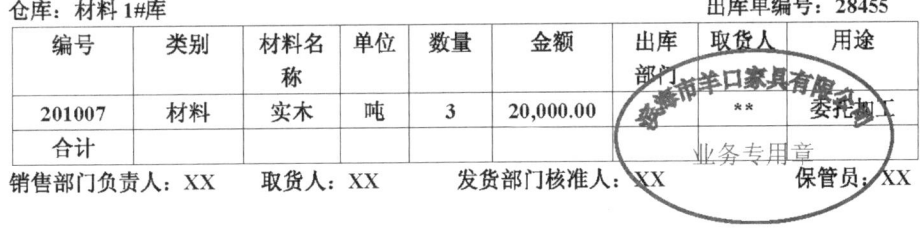

（1-2）

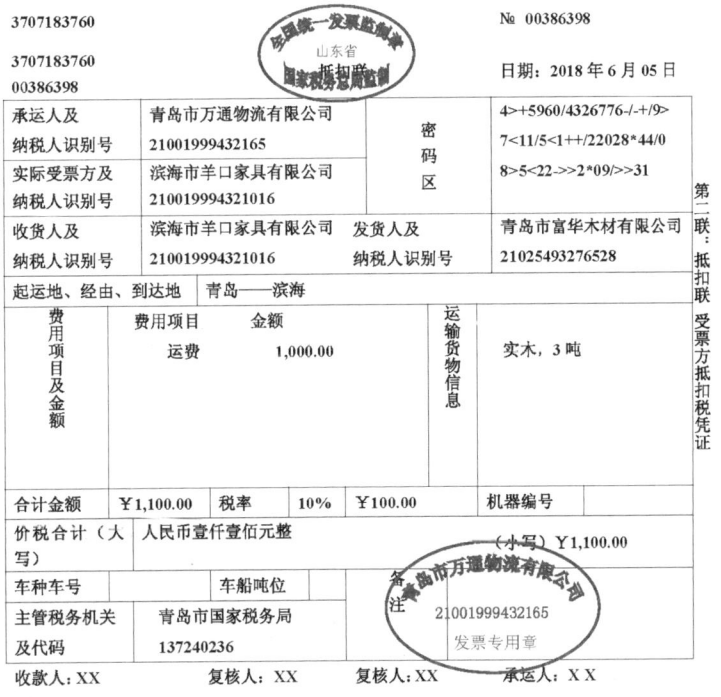

（1-3）

货物运输业增值税专用票

3707183760		No 00386398	
3707183760		日期：2018年6月05日	
00386398			

承运人及纳税人识别号	青岛市万通物流有限公司 21001999432165	密码区	4>+5960/4326776-/-+/9> 7<11/5<1++/22028*44/0 8>5<22->2*09/>31
实际受票方及纳税人识别号	滨海市羊口家具有限公司 210019994321016		
收货人及纳税人识别号	滨海市羊口家具有限公司 210019994321016	发货人及纳税人识别号	青岛市富华木材有限公司 21025493276528
起运地、经由、到达地	青岛——滨海		
费用项目及金额	费用项目　　金额 运费　　　1,000.00	运输货物信息	实木，3吨
合计金额	¥1,100.00　税率　10%　¥100.00	机器编号	
价税合计（大写）	人民币壹仟壹佰元整	（小写）¥1,100.00	
车种车号		车船吨位	
主管税务机关及代码	青岛市国家税务局 137240236	备注	

收款人：XX　　复核人：XX　　复核人：XX　　承运人：XX

2. 支付加工费、增值税

（2-1）

山东省增值税专用发票　　NO 054721

抵扣联

开票日期：2018年 06月 12日

购货单位	名称	滨海市羊口家具有限公司	密码区	3<>30-2+8+9<+7-1+871< 4>+5960/4326776-/-+/9> 7<11/5<1++/22028*44/0 8>5<26->2*09/>>31	加密版本号 72 2256036931 0758734
	纳税人识别号	210019994321016			
	地址、电话	高新区潍北路601号 1234567			
	开户行及账号	农行 8456223362353123			

货物或应税劳务名称	规格型号	单位	数量	单价	金额	税率	税额
加工费		吨	3	2,000.00	6,000.00	16%	960.00
合　　计			3		6,000.00		960.00

价税合计（大写）	人民币陆仟玖佰陆拾元整	（小写）¥6,960.00	

销售单位	名称	青岛市富华木材有限公司	备注	委托加工物资的加工费
	纳税人识别号	2025493276528		
	地址、电话	青岛市李沧区东升路35号		
	开户行及账号	青岛市农业银行 8456223362353189		

收款人：XX　　复核：XX　　开票人：XX　　销货单位（章）

（2-2）

山东省增值税专用发票　　NO 054721

发票联

开票日期：2018 年 06 月 12 日

购货单位	名　称：	滨海市羊口家具有限公司	密码区	3<>30-2+8+9<+7-1+871<	加密版本号
	纳税人识别号：	210019994321016		4>+5960/4326776-/-+/9>	72
	地　址、电　话：	高新区潍北路 601 号　1234567		7<11/5<1++/22028*44/0	2256036931
	开户行及账号：	农行　8456223362353123		8>5<26->>2*09/>>31	0758734

货物或应税劳务名称	规格型号	单位	数量	单价	金额	税率	税额
加工费		吨	3	2,000.00	6,000.00	16%	960.00
合　计			3		6,000.00		960.00

价税合计（大写）	人民币陆仟玖佰陆拾元整	（小写）￥6,960.00

销售单位	名　称：	青岛市富华木材有限公司	备注	委托加工物资的加工费
	纳税人识别号：	2025493276528		
	地　址、电　话：	青岛市李沧区东升路 35 号		
	开户行及账号：	青岛市农业银行　8456223362353189		

收款人：XX　　复核：XX　　开票人：XX　　销货单位（章）

（2-3）

```
中国农业银行转账支票存根
支票号码：5125526
科　目　_____
对方科目_____
出票日期2018 年 06 月 12 日
┌─────────────────────────┐
│ 收款人：青岛市富华木材有限公司     │
│ 金额：　6960.00                │
│ 用途：支付加工费               │
└─────────────────────────┘
单位主管：XX　　会计：XX
```

3.收回委托加工物资入库

滨海市羊口家具有限公司委托加工物资验收单

委托单位：青岛市富华木材有限公司　　　　类别：委托加工商品
仓　库：2 成品库　　　　　　　　　　　　2018 年 6 月 20 日

编号	委托加工物资	单位	数量		实 际 成 本				
			应收	实收	发出材料费	加工费	运费	合计	单位成本
01	实木地板	吨	3	3	20,000.00	6,960.00	1,000.00	27,960.00	9,320.00
	合计		3	3	20,000.00	6,960.00	1,000.00	27,960.00	9,320.00
备注					验收人盖章			合计	

会计：XX　　复核：XX　　记账：XX　　收料：XX　　制单：XX

（二）教学目标

1. 能理解委托加工物资的概念及成本。
2. 能熟悉委托加工物资发出、加工和入库的核算流程。
3. 能熟练填制记账凭证、登记账簿。

（三）教学资源

1. 准备：多媒体PPT课件、滨海市羊口家具有限公司2018年6月份委托加工物资相关业务原始单据、记账凭证、账簿、学生工作页、任务操作单
2. 自带工具：财会专用笔、计算器、直尺、私章

（四）教学组织

将学生分为6人一组，每小组设两人为组长：一人为成绩优异者，负责理论学习，并辅导其他同学；另一人为组织能力、动手能力见长者，负责任务分工，组织实训操作。在完成筹资岗位会计核算的同时，组内成员轮流担任出纳、会计、主管等角色来完成记账凭证的填制、账簿的登记，由组长对任务及人员进行策划分工，各成员分别承担各自任务。利用PPT多媒体教学课件，展现课程任务；根据课程任务，组织小组讨论，采用教师引领、学生抢答的方式；最后，完成记账凭证的填制、账簿的登记、学生工作页的填写。

（五）教学过程

阶段	项目教学过程		学生学的活动	教师教的活动
1	项目引入	项目描述	1.理解委托加工物资的概念及成本 2.能完成委托加工物资的日常业务核算	1.展示滨海市羊口家具有限公司2018年6月份委托加工物资的原始单据 2.展示任务。本任务是理解委托加工物质的概念及成本，重点是委托加工物质发出、加工和入库的核算
		知识准备	理解委托加工物资的概念及成本构成内容	讲解委托加工物资的概念及成本构成内容
2	项目实施	步骤1 拨付物资及支付运费	1.根据提供的资料计算拨付委托加工物资的实际成本 2.小组讨论；编制拨付物资的会计分录	1.展示2018年6月份滨海市羊口家具有限公司拨付加工物资的会计资料 2.讲解拨付物资的会计核算 3.巡查指导学生，对学生提出的疑问及时给予解答指导

续表

阶段	项目教学过程	学生学的活动	教师教的活动
2	项目实施	步骤2 支付加工费	1. 根据提供的资料,计算委托加工物资成本及增值税 2. 小组讨论,编制支付加工费的会计分录	1. 提供2018年6月份滨海市羊口家具有限公司支付加工费的会计资料 2. 讲解支付加工费的会计核算 3. 巡查指导学生,对学生提出的疑问及时给予解答指导
		步骤3 收回委托加工物资	1. 根据提供的资料,计算收回委托加工物资的成本 2. 小组讨论;编制收回委托加工物资的会计分录	1. 提供2018年6月份滨海市羊口家具有限公司收回委托加工物资的会计资料 2. 讲解委托加工物资的成本 3. 巡查指导学生,对学生提出的疑问及时给予解答指导
		步骤4 填制记账凭证、登记账簿	1. 根据上述会计分录,分角色完成记账凭证的填制、审核签字和记账工作 2. 登记账簿	1. 强调记账凭证的填制要求及注意事项:摘要简明、日期正确、编号准确 2. 强调账簿登记时凭证的选择,日期、摘要、编号、金额要准确
3	项目总结	项目展示与总体评价	1. 小组展示学生工作页、记账凭证、账簿 2. 通过对他人最终成果的优点与不足的评价,提高对自己质量的理解	1. 组织学生展示各组或各人的最终成果 2. 组织学生对最终成果进行互评,让学生通过发现他人的问题提高学生自己对质量的理解
		项目学习小结	积极归纳通过委托加工物资的核算所取得的学习成果	引导学生自我归纳通过委托加工物资的核算所获得的新知识

(六)技能考核

序号	技能	评判结果	
		是	否
1	能准确计算实收资本和资本公积		
2	能正确填制记账凭证		
3	能准确完整登记账簿		

二、任务操作单

任务操作单

专业名称	会计电算化		课程名称	企业财务会计	
工作任务：委托加工物资的核算					
注意事项：支付加工费，需要核算增值税。					
步骤	操作方法与说明		核算流程		备注
1	拨付物资及支付运费	"委托加工物资"和"原材料"都属于资产类账户，增加在借方，减少在贷方。款项已付用"银行存款"；款项未付用"应付账款"		借：委托加工物资 　贷：原材料 借：委托加工物资 　贷：银行存款 　　　应付账款	P-E
2	支付加工费	加工费用计入"委托加工物资"成本；款项已付用"银行存款"，款项未付用"应付账款"		借：委托加工物资 　　应交税费——应交增值税 　　（进项税额） 　贷：银行存款 　　　应付账款	P-M
3	收回委托加工物资	将上述"委托加工物资"金额归集，按照收回后存货的形态计入原材料、库存商品、周转材料等账户		借：库存商品 　　原材料 　　周转材料 　贷：委托加工物资	P-M

三、学生工作页

学生工作页

任务名称： 委托加工物资的核算

一、工作目标（完成工作最终要达到的成果的形式）

1. 编制委托加工物资的会计分录。
2. 填制记账凭证，登记账簿。

续表

二、工作实施（过程步骤、技术参数、要领等）

1. 拨付物资及支付运费。

2. 支付加工费。

3. 收回委托加工物资。

4. 填制记账凭证，登记账簿。

三、工作反思（检验评价、总结拓展等）

1. 程胜企业委托龚华企业加工包装箱一批，发出材料的实际成本为20 000元，支付加工费5 000元；加工完毕，以银行存款支付运费1 000元。

要求：编制甲企业委托加工材料的有关会计分录

2. 滨江公司领用原木一批，委托昌江工厂加工成木板，原木实际成本80 000元，材料成本差异率超支1%，签发转账支票支付加工费16 000元，增值税税额2 560元，已签发现金支票支付加工木板的往返运费5 000元（增值税税率10%）；企业委托昌江工厂加工的木板加工完毕，已运回验收入库，按实际成本结转。

要求：做出相关的会计分录。

任务三　存货清查的核算

一、教学设计

（一）任务描述

根据滨海市羊口家具有限公司2018年6月份有关存货清查的会计资料，完成企业存货清查的核算。

（1-1）

滨海市羊口家具有限公司存货盘点表

截至日：2018年6月31日

存货名称	单位	账面数	实际盘存	盘盈+（亏-）数量	盘盈+（亏-）金额	备注
课桌	张	1010	1008	-2	-200	
胶合板	张	931	932		-42	
合计					-158	

财务负责人： XX　　　　**盘点：** XX　　　　**仓库保管：** XX　　　　**制表：** XX

（1-2）

存货盘盈盘亏账务处理审批表

审批项目：存货盘盈盘亏处理	盘盈项目及原因：盘盈胶合板 0.1 张，金额 42 元；无法查明原因，按照企业会计准则要求进行账务处理。
盘亏项目及处置决定：课桌盘亏 2 件，金额 200 元；为管理不善造成，由仓库保管员赔偿 50 元，其余按照企业会计准则要求进行账务处理。	
仓库保管：属实。XX　　财务负责人：属实。XX　　总经理签批：同意账务处理。XX	

（二）教学目标

1. 能了解存货清查的方法。
2. 能合理进行存货清查的会计核算。
3. 能熟练填制记账凭证、登记账簿。

（三）教学资源

1. 教师准备：多媒体PPT课件、滨海市羊口家具有限公司2018年6月份存货清查相

关业务原始单据、记账凭证、账簿、学生工作页、任务操作单

2.学生自带工具：财会专用笔、计算器、直尺、私章

（四）教学组织

将学生分为6人一组，每小组设两人为组长：一人为成绩优异者，负责理论学习，并辅导其他同学；另一人为组织能力、动手能力见长者，负责任务分工，组织实训操作。在完成筹资岗位会计核算的同时，组内成员轮流担任出纳、会计、主管等角色来完成记账凭证的填制、账簿的登记，由组长对任务及人员进行策划分工，各成员分别承担各自任务。利用PPT多媒体教学课件，展现课程任务；根据课程任务，组织小组讨论，采用教师引领、学生抢答的方式；最后，完成记账凭证的填制、账簿的登记、学生工作页的填写。

（五）教学过程

阶段	项目教学过程		学生学的活动	教师教的活动
1	项目引入	项目描述	1.了解存货清查的方法 2.能进行存货清查的日常账务核算	1.展示滨海市羊口家具有限公司2018年6月份存货清查的会计资料 2.因为企业存货种类多、收发频繁，会由于计量错误、自然损耗等原因，造成账实不符。企业应定期不定期地进行存货清查，保证账实相符
		知识准备	了解存货清查的方法	讲解存货清查实地盘点的方法
2	项目实施	步骤1 存货盘盈、盘亏批准前的核算	1.根据提供的存货盘点表，判断存货的盘盈、盘亏情况 2.理解存货盘盈、盘亏后转入"待处理财产损益"账户，小组讨论后编制会计分录	1.提供2018年6月份滨海市羊口家具有限公司存货清查的会计资料 2.讲解"待处理财产损益"账户 3.巡查指导学生，对学生提出的疑问及时给予解答指导
		步骤2 批准处理后的核算	1.理解盘盈、盘亏不同情况下计入的不同账户 2.小组讨论；编制批准处理后的会计分录	1.讲解：盘盈的存货冲减"管理费用"；盘亏的存货属于由过失人或保险公司赔偿的计入"其他应收款"，属于一般情况的计入"管理费用"，属于自然灾害的计入"营业外支出" 2.归纳性讲解任务完成过程中存在的共性问题

续表

阶段	项目教学过程		学生学的活动	教师教的活动
2	项目实施	步骤3 填制记账凭证、登记账簿	1. 根据上述会计分录，分角色完成记账凭证的填制、审核签字和记账工作 2. 根据记账凭证及原始凭证登记账簿	1. 强调记账凭证的填制要求及注意事项：摘要简明、日期正确、编号准确 2. 强调账簿登记时凭证的选择，日期、摘要、编号、金额要准确
3	项目总结	项目展示与总体评价	1. 小组展示学生工作页、记账凭证、账簿 2. 通过对他人最终成果的优点与不足的评价，提高自己对质量的理解	1. 组织学生展示各组或各人的最终成果 2. 组织学生对最终成果进行互评，让学生通过发现他人的问题提高学生自己对质量的理解
		项目学习小结	积极归纳通过存货清查所取得的学习成果	引导学生自我归纳通过存货清查所获得的新知识

（六）技能考核

序号	技能	评判结果	
		是	否
1	能编制存货清查盘点表		
2	能正确填制记账凭证		
3	能准确完整登记账簿		

二、任务操作单

任务操作单

专业名称	会计电算化	课程名称	企业财务会计
工作任务：	存货清查的核算		
注意事项：	盘盈存货批准后应冲减"管理费用"，不要计入"营业外收入"。		

续表

步骤		操作方法与说明	核算流程	备注
1	存货盘盈、盘亏批准前的核算	出现存货盘盈、盘亏时都要转入"待处理财产损益"	1. 盘盈： 借：原材料 　　库存商品 　　贷：待处理财产损溢——待处理流动资产损溢 2. 盘亏： 借：待处理财产损溢——待处理流动资产损溢 　　贷：原材料 　　　　库存商品	P-M
2	批准处理后的核算	盘盈的存货冲减"管理费用" 盘亏的存货属于责任人责任的计入"其他应收款"，属于无法查明原因的计入"管理费用"，属于非常损失的计入"营业外支出" 因管理不善造成被盗、丢失、霉烂变质的，需做进项税额转出处理	1. 盘盈： 借：待处理财产损溢——待处理流动资产损溢 　　贷：管理费用 2. 盘亏： 借：其他应收款 　　管理费用 　　营业外支出 　　贷：待处理财产损溢——待处理流动资产损溢 　　　　应交税费——应交增值税（进项税额转出）	P-D
3	填制记账凭证、登记账簿	凭证类别使用正确，项目齐全、数字准确、摘要清楚、字迹工整，划线用S型或斜线型	1. 根据上述会计分录，填制记账凭证 2. 根据审核无误的记账凭证、原始凭证，登记账簿	P-M

三、学生工作页

学生工作页

任务名称： 存货清查的核算

一、工作目标（完成工作最终要达到的成果的形式）
1. 存货盘盈、盘亏的核算。 2. 批准处理后的核算。 3. 填制记账凭证、登记账簿。
二、工作实施（过程步骤、技术参数、要领等）
1. 编制存货盘盈、盘亏的会计分录。   2. 编制批准处理后的会计分录。   3. 填制记账凭证，登记账簿。
三、工作反思（检验评价、总结拓展等）
富华公司是一般纳税人，2018年6月份进行财产清查时发生下列业务： （1）企业在财产清查中发现盘盈原材料一批，该批材料的计划成本为50 000元。经查，该批材料发生盘盈是由于收发计量的原因造成的。 （2）企业在财产清查中发现盘亏原材料一批，该批材料的计划成本为80 000元。经查，其中：30 000元是由于计量上的差错造成的，15 000元是由于保管人员工作失职造成的，35 000元是由于火灾造成的。 要求：根据上述资料编制有关的会计分录。

项目四　往来岗位会计核算

> **项目描述**
>
> 以滨海市羊口家具有限公司2018年6月份的日常经济业务为背景，完成企业有关应收票据与应付票据、应收账款与应付账款的核算。

任务一　应收票据与应付票据的核算

一、教学设计

（一）任务描述

根据滨海市羊口家具有限公司2018年6月份有关票据的相关业务，完成企业有关应收票据与应付票据的核算，填制记账凭证。

（1-1）

山东省增值税专用发票　　　　　NO 06958743

此联不作报销、扣税凭证使用

开票日期：2018 年 6 月 11 日

购货单位	名　称	盛达公司	密码区	3<>30-2+8+9<+6-1+881< 4>+5960/4326776-/-+/9> 7<11/5<1++/22028*49/0 8>5<22->>2*09/>>31	加密版本号 72 2256036931 0758734
	纳税人识别号	3100198843212456			
	地址、电话	潍坊市东风大街20号			
	开户行及账号	建行　1200223362334987			

货物或应税劳务名称	规格型号	单位	数量	单价	金额	税率	税额
课桌		张	200	120.00	24,000.00	16%	3,840.00
课椅		把	200	60.00	12,000.00	16%	1,920.00
合　计					36,000.00		5,760.00

价税合计（大写）	人民币肆万壹仟柒佰陆拾元整	（小写）¥41,760.00

销售单位	名　称	滨海市羊口家具有限公司	备注	
	纳税人识别号	210019994321016		
	地址、电话	高新区潍北路601号　1234567		
	开户行及账号	中国农业银行开发区支行　8456223362353123		

收款人：XX　　　复核：XX　　　开票人：XX　　　销货单位（章）

第一联　记账联　销货方记账凭证

（1-2）

滨海市羊口家具有限公司产品出库单

2018 年 6 月 11 日

仓库：成品 1#库　　　　　　　　　　　　　　　　　　　出库单编号：52498

编号	类别	材料名称	单位	数量	单价	金额	单位成本	总成本	用途
01	产品	课桌	张	200	120.00	24,000.00	90	18,000.00	销售
02	产品	课椅	把	200	60.00	12,000.00	40	8,000.00	销售
合计						36,000.00		26,000.00	

销售部门负责人：XX　　　取货人：XX　　　发货部门核准人：XX　　　保管员：XX

（1-3）

（1-4）

商业承兑汇票　　　11　05288339

出票日期（大写）：贰零壹捌年零陆月壹拾壹日

付款人	全称	盛达天资股份有限公司	收款人	全称	滨海市羊口家具有限公司
	账号	1200223362334987		账号	8456223362353123
	开户银行	建行银行东风街支行		开户银行	农业银行开发区支行
出票金额		人民币：贰万元整			￥20,000.00
汇票到期日		贰零壹捌年零玖月壹拾壹日	付款人	行号	313530890007
交易合同号码		219		开户行地址	潍坊市东风大街35号

本汇票已经承兑，到期无条件付票款。

本汇票请予以承兑，于到期日付款。

承兑人签章　　　　　　　　　　　　出票人签章

（2-1）

济南市增值税专用发票　　　NO 076587

抵扣联

开票日期：2018年 6月 20日

购货单位	名称	滨海市羊口家具有限公司	密码区	加密版本号 72
	纳税人识别号	210019994321016		
	地址、电话	高新区潍北路601号　1234567		2256036931
	开户行及账号	农行　8456223362353123		0758734

货物或应税劳务名称	规格型号	单位	数量	单价	金额	税率	税额
钢板	1.2cm*1200cm	吨	40	5,000.00	200,000.00	16%	32,000.00
钢管	2.5mm*30mm	吨	20	4,800.00	96,000.00	16%	15,360.00
合计			60		296,000.00		47,360.00

价税合计（大写）　人民币叁拾肆万叁仟叁佰陆拾元整　　　（小写）￥343,360.00

销售单位	名称	济南市历城区万东钢材厂	备注	
	纳税人识别号	21025493276784		济南市历城区万东钢材厂
	地址、电话	济南市历城区北关路56号		21025493276784
	开户行及账号	历城区农业银行 8456223362357895		发票专用章

收款人：XX　　复核：XX　　开票人：XX　　销货单位（章）

第二联 抵扣联 购货方扣税凭证

（2-2）

济南市增值税专用发票

NO 076587

发票联

开票日期：2018年 6月20日

购货单位	名 称：	滨海市羊口家具有限公司	密码区	3〈〉30-2+8+9〈+6-1+874〈	加密版本号
	纳税人识别号：	210019994321016		4〈〉+5960/4326776-/-+/9〉	72
	地址、电话：	高新区潍北路601号 1234567		7〈11/5〈1++/22028*67/0	2256036931
	开户行及账号：	农行 8456223362353123		8〉5〈22-〉〉2*09/〉〉59	0758734

货物或应税劳务名称	规格型号	单位	数量	单价	金额	税率	税额
钢板	1.2cm*1200cm	吨	40	5,000.00	200,000.00	16%	32,000.00
钢管	2.5mm*30mm	吨	20	4,800.00	96,000.00	16%	15,360.00
合 计			60		296,000.00		47,360.00

价税合计（大写）	人民币叁拾肆万叁仟叁佰陆拾元整	（小写）¥343,360.00

销售单位	名 称：	济南市历城区万东钢材厂	备注	
	纳税人识别号：	21025493276784		
	地址、电话：	济南市历城区北关路56号		
	开户行及账号：	农业银行历城区支行 8456223362357895		

收款人：XX　　复核：XX　　开票人：XX　　销货单位（章）

（2-3）

银 行 承 兑 汇 票

票据号码 02835584

签发日期（大写）：贰零壹捌年零陆月零贰拾日

付款人	全 称	滨海市羊口家具有限公司	收款人	全 称	济南市历城区万东钢材厂
	账 号	8456223362353123		账 号	8456223362357895
	开户银行	农业银行开发区支行		开户银行	农业银行历城区支行

汇票金额	人民币：肆万元整		¥40,000.00

汇票到期日	贰零壹捌年零玖月零贰拾日	付款行	行号	313530896954
交易合同号码	226		地址	高新区潍北路36号

本汇票请你行承兑，到期无条件付票款	本汇票已经承兑，到期日由本行付款	密押
出票人签章	承兑行签章	

（2-4）

商 业 承 兑 汇 票

11 05288843

出票日期（大写）：贰零壹捌年零陆月零贰拾日

付款人	全 称	滨海市羊口家具有限公司	收款人	全 称	济南市历城区万东钢材厂
	账 号	8456223362353123		账 号	8456223362357895
	开户银行	农业银行开发区支行		开户银行	农业银行历城区支行
出票金额		人民币：人民币叁拾万叁仟叁佰陆拾元整			￥303,360.00
汇票到期日		贰零壹捌年零玖月零贰拾日	付款人	行号	313530896954
交易合同号码		226	开户行	地址	高新区潍北路36号

本汇票已经承兑,到期无条件付票款。

（滨海市羊口家具有限公司 财务专用章）（刘伟刚印）

承兑人签章

本汇票请予以承兑,于到期日付款。

（滨海市羊口家具有限公司 财务专用章）（刘伟刚印）

出票人签章

（二）教学目标

1. 能熟悉应收票据与应付票据的概念与内容。

2. 能正确进行应收票据与应付票据的会计核算。

3. 能熟练填制记账凭证、登记账簿。

（三）教学资源

1. 教师准备：多媒体PPT课件、滨海市羊口家具有限公司2018年6月份应收与应付票据相关业务原始单据、记账凭证、账簿、学生工作页、任务操作单

2. 学生自带工具：财会专用笔、计算器、直尺、私章

（四）教学组织

将学生分为6人一组，每小组设两人为组长：一人为成绩优异者，负责理论学习，并辅导其他同学；另一人为组织能力、动手能力见长者，负责任务分工、组织实训操作。在完成往来岗位会计核算的同时，组内成员轮流担任出纳、会计、主管等角色来完成记账凭证的填制、账簿的登记，由组长对任务及人员进行策划分工，各成员分别承担各自任务。利用PPT多媒体教学课件，展现课程任务；根据课程任务，组织小组讨论，采用教师引领、学生抢答的方式；最后，完成记账凭证的填制、账簿的登记、工作页的填写。

（五）教学过程

阶段	项目教学过程		学生学的活动	教师教的活动
1	项目引入	项目描述	1. 熟悉应收票据与应付票据的概念与内容 2. 熟悉银行承兑汇票和商业承兑汇票的内容，能进行应收票据与应付票据的日常账务处理	1. 展示滨海市羊口家具有限公司2018年6月份日常经济业务的会计资料 2. 商业汇票是企业从事采购材料、销售商品等主要经济活动经常要用到的结算方式，是企业财务会计核算的重要内容
		知识准备	理解银行承兑汇票和商业承兑汇票的核算区别	讲解银行承兑汇票和商业承兑汇票的概念和内容
2	项目实施	步骤1 应收票据的核算	1. 识别银行承兑汇票和商业承兑汇票以及销售发票 2. 根据滨海市羊口家具有限公司2018年6月份日常经济业务的会计资料，组内讨论银行承兑汇票和商业承兑汇票在对方不付款情况下的会计核算 3. 组内讨论；编制会计分录 4. 分角色完成记账凭证的填制、签字及审核工作	1. 展示滨海市羊口家具有限公司2018年6月份日常经济业务的会计资料 2. 讲解销售商品、应收票据的核算 3. 巡查指导学生，对学生提出的疑问及时给予解答指导 4. 订正会计分录，进行小组评价 5. 强调记账凭证的填制要求及注意事项：摘要简明、日期正确、编号准确
		步骤2 应付票据的核算	1. 根据滨海市羊口家具有限公司2018年6月份日常经济业务的会计资料，组内讨论材料采购、应付票据的核算 2. 组内讨论；编制会计分录 3. 分角色完成记账凭证的填制、签字及审核工作	1. 展示滨海市羊口家具有限公司2018年6月份日常经济业务的会计资料 2. 讲解采购材料、应付票据的核算 3. 巡查指导学生，对学生提出的疑问及时给予解答指导 4. 订正会计分录，进行小组评价 5. 强调记账凭证的填制要求及注意事项：摘要简明、日期正确、编号准确

续表

阶段	项目教学过程	学生学的活动	教师教的活动
3 项目总结	项目展示与总体评价	1. 小组展示学生工作页、记账凭证和账簿 2. 通过对他人最终成果的优点与不足的评价，提高自己对质量的理解	1. 组织学生展示各组或各人的最终成果 2. 组织学生对最终成果进行互评，让学生通过发现他人的问题提高学生自己对质量的理解
	项目学习小结	积极归纳通过材料采购、商品销售以及涉及票据的学习所取得的学习成果	引导学生自我归纳通过材料采购、商品销售以及涉及票据所获得的新知识

（六）技能考核

序号	技能	评判结果	
		是	否
1	能准确计算票据利息		
2	能正确填制记账凭证		
3	能准确完整登记账簿		

二、任务操作单

任务操作单

专业名称	会计电算化	课程名称	企业财务会计

工作任务：应收票据与应付票据的核算

步骤		操作方法与说明	核算流程	备注
1. 应收票据的核算	销售商品收到商业汇票	1. 主营业务收入是不含税销售额 2. 增值税额=销售价格（不含税）×16% 3. 增值税额=销售价格（含税）/（1+16%）×16%	（1）确认收入 借：应收票据—银行承兑汇票 　　　　　—商业承兑汇票 　贷：主营业务收入 　　　应交税费—应交增值税（销项税额） （2）结转成本 借：主营业务成本 　贷：库存商品	P-E

续表

步骤		操作方法与说明	质量	备注
1. 应收票据的核算	若收到的商业汇票是银行承兑汇票	银行承兑汇票的承兑人是银行，所以不论付款企业有无能力付款，银行都会承兑	（1）到期对方付款 借：银行存款 　　贷：应收票据 （2）到期对方无力付款 借：银行存款 　　贷：应收票据	P—M
	若收到的商业汇票是商业承兑汇票	商业承兑汇票的承兑人是付款企业，如果付款企业无力支付货款，票据到期时应确认应收票据减少、应收账款的增加	（1）到期对方付款 借：银行存款 　　贷：应收票据 （2）到期对方无力付款 借：应收账款 　　贷：应收票据	P—M
2. 应付票据的核算	采购材料开出商业汇票	开出的商业汇票，根据承兑人的不同分为商业承兑汇票和银行承兑汇票，需要在二级科目列明	借：原材料 　　应交税费—应交增值税 　　（进项税额） 　　贷：应付票据—银行承兑汇票 　　　　　　—商业承兑汇票	P—E
	若开出的商业汇票是银行承兑汇票	银行承兑汇票到期，如果企业无力支付货款，银行会代为支付，企业做借入短期借款处理	（1）到期付款 借：应付票据 　　贷：银行存款 （2）到期未付款 借：应付票据 　　贷：短期借款	P—M
	若开出的商业汇票是商业承兑汇票	商业承兑汇票到期，如果企业无力支付货款，应做应付票据减少、应付账款增加的处理	（1）到期付款 借：应付票据 　　贷：银行存款 （2）到期未付款 借：应付票据 　　贷：应付账款	P—M

三、学生工作页

学生工作页
任务名称： 应收票据与应付票据的核算
一、工作目标（完成工作最终要达到的成果的形式）

1. 编制应收票据核算的会计分录。
    2. 编制应付票据核算的会计分录。
    3. 填制记账凭证，登记账簿。

二、工作实施（过程步骤、技术参数、要领等）

1. 编制应收票据核算的会计分录。
    （1）收到商业汇票，确认收入。
 	
    （2）结转成本。
 	
    （3）到期对方付款。
 	
    （4）到期对方无力付款。

续表

2. 编制应付票据核算的会计分录。
（1）采购材料，开出商业汇票。

（2）到期付款。

（3）到期无力付款。

3. 填制记账凭证，登记账簿。

三、工作反思（检验评价、总结拓展等）

夏康企业销售给风华企业10 000元的材料，增值税税率为16%，收到风华企业商业承兑汇票一张，票据面值为价税款合计，出票日是2008年5月1日，期限为6个月，每月月底计息，票面利率10%。票据到期时，夏康企业收到票款。

要求：根据该业务进行应收票据的账务处理。

任务二　应收账款与应付账款的核算

一、教学设计

（一）任务描述

根据滨海市羊口家具有限公司2018年6月份有关票据的相关业务，完成企业有关应收账款与应付账款的核算，填制记账凭证，登记账簿。

1. 销售（现金折扣）

（1-1）

山东省增值税专用发票　　　　　　　NO 06958743

此联不作报销、抵税凭证使用

开票日期：2018 年 6 月 11 日

购货单位	名　　称	阳光教育股份有限公司	密码区	3<>30-2+8+9<+6-1+661<	加密版本号
	纳税人识别号	3100198843212497		4>+5960/4326776-/-+/9)	72
	地　址、电　话	潍坊市东风大街29号		7<11/5<1++/22028*85/0	2256036931
	开户行及账号	建行　1200223362334963		8>5<22->>2*09/>>31	0758734

货物或应税劳务名称	规格型号	单位	数量	单价	金额	税率	税额
课桌		张	100	120.00	12,000.00	16%	1,920.00
课椅		把	100	60.00	6,000.00		960.00
合　　　计					18,000.00		2,880.00
价税合计（大写）	人民币贰万零捌佰捌拾元整				（小写）¥20,880.00		

销售单位	名　　称	滨海市羊口家具有限公司	备注	滨海市羊口家具有限公司
	纳税人识别号	210019994321016		210019994321016
	地　址、电　话	高新区潍北路601号　1234567		发票专用章
	开户行及账号	中国农业银行开发区支行　8456223362353123		

收款人：XX　　复核：XX　　开票人：XX　　销货单位（章）

（1-2）

滨海市羊口家具有限公司产品出库单

2018 年 6 月 11 日

仓库：成品1#库　　　　　　　　　　　　　出库单编号：52498

编号	类别	材料名称	单位	数量	单价	金额	单位成本	总成本	用途
01	产品	课桌	张	100	120.00	12,000.00	90	9,000.00	销售
02	产品	课椅	把	100	60.00	6,000.00	40	4,000.00	销售
合计						18,000.00		13,000.00	

销售部门负责人：XX　　取货人：XX　　发货部门核准人：XX　　保管员：XX

（1-3）

滨海市羊口家具有限公司销售合同

甲方（出售方）：滨海市羊口家具有限公司
乙方（购货方）：阳光教育股份有限公司

…………

购买甲方产品一批，质量需达到国家规定的标准，甲方于 2018 年 6 月 11 日交货，甲方给予乙方的付款条件为 2/10,1/20,n/30。

…………

2018 年 6 月 5 日

2. 销售（商业折扣）

山东省增值税专用发票　　　　NO 06958746

此联不作报销、扣税凭证使用

开票日期：2018年 6月 21日

购货单位	名　　称：	盛达公司				密码区	3〇30-2+8+9<+6-1+887<	加密版本号
	纳税人识别号：	3100198843212456					4+5960/4326776-/-+/9>	72
	地址、电话：	潍坊市东风大街20号					7<11/5<1++/22028*59/0	2256036931
	开户行及账号：	建行　1200223362334987					8>5<22->>2*09/>>31	0758734
货物或应税劳务名称		规格型号	单位	数量	单价	金额	税率	税额
课桌			张	200	120.00	24,000.00	16%	3,840.00
课椅			把	200	60.00	12,000.00		1,920.00
折让10%						-3,600.00		-5,760.00
合　　计						32,400.00		5,184.00
价税合计（大写）		人民币叁万柒仟伍佰捌拾肆元整				（小写）¥37,584.00		
销售单位	名　　称：	滨海市羊口家具有限公司				备注		
	纳税人识别号：	210019994321016						
	地址、电话：	高新区潍北路601号　1234567						
	开户行及账号：	中国农业银行开发区支行　8456223362353123						

收款人：XX　　　复核：XX　　　开票人：XX　　　销货单位（章）

3. 采购（现金折扣）

济南市增值税普通发票　　　　NO 069587

开票日期：2018年 6月 26日

购货单位	名　　称：	滨海市羊口家具有限公司				密码区	3〇30-2+8+9<+6-1+874<	加密版本号
	纳税人识别号：	210019994321016					4+5960/4326776-/-+/9>	72
	地址、电话：	高新区潍北路601号　1234567					7<11/5<1++/22028*71/0	2356036931
	开户行及账号：	农行　8456223362353123					8>5<22->>2*09/>>31	0758734
货物或应税劳务名称		规格型号	单位	数量	单价	金额	税率	税额
钢板		1.2cm*1200cm	吨	40	5000.00	200,000.00	16%	32,000.00
钢管		2.5mm*30mm	吨	20	4800.00	96,000.00	16%	15,360.00
合　　计				60		296,000.00		47,360.00
价税合计（大写）		人民币叁拾肆万叁仟叁佰陆拾元整				（小写）¥343,360.00		
销售单位	名　　称：	济南市历城区万东钢材厂				备注	付款条件为2/10, 1/20, n/30	
	纳税人识别号：	21025493276784						
	地址、电话：	济南市历城区北关路56号						
	开户行及账号：	历城区农业银行　8456223362357895						

收款人：XX　　　复核：XX　　　开票人：XX　　　销货单位（章）

4. 归还货款

（4-1）

滨海市羊口家具有限公司付款审批单

申请付款人	付款事由	付款金额	付款方式	合同编号	采购部审核	财务审核	总经理签批
神华有限公司	合同付款到期	五万元	电汇	20080308	已到付款期	属实	同意
签批人	***			***	***	***	***

（4-2）

中国农业银行 **电汇凭证**（回 单）

普通　　加急　　委托日期 **2018 年 6 月 30 日**

汇款人	全　称	滨海市羊口家具有限公司	收款人	全　称	神华有限公司
	账　号	8456223362353123		账　号	1200223362334854
	汇出地点	山东省潍坊市		汇入地点	济南历城区
	汇出行名称	中国农业银行开发区支行		汇入行名称	建行历城区支行

人民币 (大写)	伍万元整					百	十	万	千	百	十	元	角	分
					¥			5	0	0	0	0	0	0

	支付密码	
	附加信息及用途：货款	
汇出行签章		

（4-3）

企业办理结算收费通知单

你单位（账号）8456223362353123 于 2018 年 6 月 30 日

我行办理（信汇、电汇、汇票、托收）业务，收手续费及邮电费人民币（大写）伍拾元整
此款已从你账户划出，特此通知。
中国农业银行开发区支行

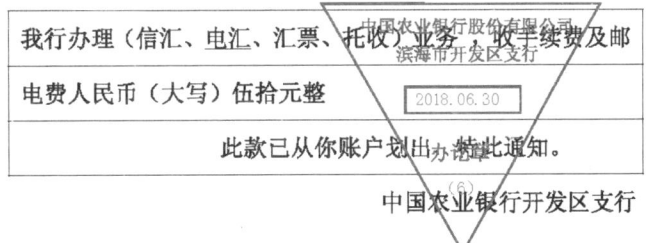

（二）教学目标

1. 能理解现金折扣和商业折扣的概念与内容。
2. 能合理进行应收账款与应付账款的会计核算。
3. 能熟练填制记账凭证、登记账簿。

（三）教学资源

1. 教师准备：多媒体PPT课件、滨海市羊口家具有限公司2018年6月份应收账款与应付账款相关业务原始单据、记账凭证、账簿、学生工作页、任务操作单

2. 学生自带工具：财会专用笔、计算器、直尺、私章

（四）教学组织

将学生分为6人一组，每小组设两人为组长：一人为成绩优异者，负责理论学习，并辅导其他同学；另一人为组织能力、动手能力见长者，负责任务分工、组织实训操作。在完成往来岗位会计核算的同时，组内成员轮流担任出纳、会计、主管等角色来完成记账凭证的填制、账簿的登记，由组长对任务及人员进行策划分工，各成员分别承担各自任务。利用PPT多媒体教学课件，展现课程任务；根据课程任务，组织小组讨论，采用教师引领、学生抢答的方式；最后，完成记账凭证的填制、账簿的登记、工作页的填写。

（五）教学过程

阶段	项目教学过程		学生学的活动	教师教的活动
1	项目引入	项目描述	1. 理解现金折扣和商业折扣概念与内容 2. 能计算现金折扣及商业折扣，重点是应收与应付账款的账务处理	1. 展示滨海市羊口家具有限公司2018年6月份日常经济业务原始单据 2. 采购材料、销售商品是企业的主要经济活动，应收账款和应付账款的核算是企业会计核算的重要内容
		知识准备	理解现金折扣和商业折扣的概念和内容	举例讲解现金折扣和商业折扣的概念和内容
2	项目实施	步骤1 应收账款的核算	1. 根据滨海市羊口家具有限公司2018年6月份日常经济业务的会计资料，组内讨论完成现金折扣和商业折扣的计算并进行账务处理 2. 组内讨论；编制销售商品的会计分录 3. 分角色完成记账凭证的填制、签字及审核工作	1. 展示滨海市羊口家具有限公司2018年6月份日常经济业务原始单据 2. 讲解现金折扣和商业折扣账务处理 3. 巡查指导学生，对学生提出的疑问及时给予解答指导 4. 订正会计分录，进行小组评价 5. 强调记账凭证的填制要求及注意事项：摘要简明、日期正确、编号准确

续表

阶段	项目教学过程	学生学的活动	教师教的活动
2	项目实施	步骤2 应付账款的核算	1. 根据滨海市羊口家具有限公司2018年6月份日常经济业务的会计资料,组内讨论享受现金折扣与支付现金折扣的不同并进行账务处理 2. 组内讨论;编制采购材料的会计分录 3. 分角色完成记账凭证的填制、签字及审核工作	1. 展示滨海市羊口家具有限公司2018年6月份日常经济业务原始单据 2. 讲解应付账款现金折扣的核算 3. 巡查指导学生,对学生提出的疑问及时给予解答指导 4. 订正会计分录,进行小组评价 5. 强调记账凭证的填制要求及注意事项:摘要简明、日期正确、编号准确
3	项目总结	项目展示与总体评价	1. 小组展示,应收与应付账款工作页、记账凭证、账簿 2. 通过对他人最终成果的优点与不足的评价,提高自己对质量的理解	1. 组织学生展示各组或各人的最终成果 2. 组织学生对最终成果进行互评,让学生通过发现他人的问题提高学生自己对质量的理解
		项目学习小结	积极归纳通过应收账款与应付账款核算的学习所取得的学习成果	引导学生自我归纳通过应收与应付账款核算所获得的新知识

（六）技能考核

序号	技能	评判结果	
		是	否
1	能准确计算现金折扣和商业折扣		
2	能正确填制记账凭证		
3	能准确完整登记账簿		

二、任务操作单

任务操作单

专业名称　__会计电算化__　　　　　　课程名称　__企业财务会计__

工作任务：应收账款与应付账款的核算

步骤		操作方法与说明	核算流程	备注
1. 应收账款的核算	销售商品未收到货款	1.主营业务收入是不含税销售额 2.增值税额=销售价格×16% 3.增值税额=销售价格（含税）/（1+16%）×16%	（1）确认收入 借：应收账款 　　贷：主营业务收入 　　　　应交税费——应交增值税 　　　　（销项税额） （2）结转成本 借：主营业务成本 　　贷：库存商品	P-E
	对方提前付款，享受现金折扣	对方在付款期限内提前付款享受的折扣，应确认为"财务费用"	借：银行存款 　　财务费用 　　贷：应收账款	P-M
	对方未能提前付款，不享受现金折扣	收款金额等于应收款金额	借：银行存款 　　贷：应收账款	P-E
	销售商品给予商业折扣	此时的"主营业务收入"是销售额乘以商业折扣率，确认收入时直接扣除商业折扣	借：应收账款 　　贷：主营业务收入 　　　　应交税费——应交增值税 　　　　（销项税额）	P-M

续表

	步骤	操作方法与说明	核算流程	备注
2.应付账款的核算	采购材料支付货款	此业务的增值税普通发票不能抵扣增值税	借：原材料 　　贷：应付账款	P-E
	提前还款享受现金折扣	企业因提前还款享受的现金折扣，冲减"财务费用"	借：应付账款 　　贷：银行存款 　　　　财务费用	P-M
	未提前还款不享受现金折扣	还款金额等于应付款金额	借：应付账款 　　贷：银行存款	P-M
	支付前欠货款	手续费收入计入"财务费用"，注意银行存款的金额	借：应付账款 　　　财务费用 　　贷：银行存款	P-M

三、学生工作页

学生工作页

任务名称： 应收账款与应付账款的核算

一、工作目标（完成工作最终要达到的成果的形式）

1. 编制应收账款核算的会计分录。
2. 编制应付账款核算的会计分录。
3. 填制记账凭证，登记账簿。

二、工作实施（过程步骤、技术参数、要领等）

1. 编制应收账款核算的会计分录。

（1）销售商品未收到货款。

（2）结转成本。

续表

（3）对方提前付款，享受现金折扣。

（4）对方未能提前付款，不享受现金折扣。

（5）销售商品给予商业折扣。

2.编制应付账款核算的会计分录。
（1）采购材料支付货款。

（2）提前还款享受现金折扣。

（3）未提前还款不享受现金折扣。

（4）支付前欠货款。

3.填制记账凭证，登记账簿。

三、工作反思（检验评价、总结拓展等）

善美公司为增值税一般纳税人，2018年6月1日销售产品一批，价目表中该产品价格（不含税）为100 000元，增值税税率16%。现金折扣为"10/5，n/10"。客户于第三天付款。

要求：采用总价法编制销售产品、收到货款的会计分录。思考：如果客户第十天付款，则收到货款时的会计分录如何编制？

项目五　资产管理岗位会计核算

> **项目描述**
>
> 以滨海市羊口家具有限公司2018年6月份的日常经济业务为背景，完成企业有关固定资产增加，固定资产折旧，无形资产的取得、摊销与处置的业务核算。

任务一　固定资产增加的核算

一、教学设计

（一）任务描述

根据滨海市羊口家具有限公司2018年6月份的日常经济业务，完成企业固定资产增加的核算，填制记账凭证、登记账簿。

1. 购入

（1-1）

4200036921　　　　　　山东省增值税专用发票　　　　　　NO 05958746

发票联

开票日期：2018年 06月 15日

购货单位	名　称：	滨海市羊口家具有限公司	密码区	2◇30-2+8+9<+6-1+874< 5>+5960/4326776-/-+/9> 3<11/5<1++/22028*44/0 5>5<22->2*09/>>29	加密版本号 61 1100036931 06958723
	纳税人识别号：	210019994321016			
	地　址、电话：	高新区潍北路601号　1234567			
	开户行及账号：	农业银行开发区支行　8456223362353123			

货物或应税劳务名称	规格型号	单位	数量	单价	金额	税率	税额
机床	T956	台	1	50,000.00	50,000.00	16%	8,000.00
合　计			1		50,000.00		8,000.00

价税合计（大写）	人民币伍万捌仟元整　　　　　￥58,000.00		
销售单位	名　称：	青岛东方股份有限公司	备注：无需安装，投入使用
	纳税人识别号：	210019994328952	
	地　址、电话：	青岛市黄岛区林里路85号	
	开户行及账号：	建行黄岛支行 210254932765288	

收款人：XX　　　复核：XX　　　开票：XX　　　销货单位（章）

第三联 发票联 购货方记账凭证

（1-2）

（1-3）

中国农业银行 电汇凭证（回 单）

普通　加急　　委托日期 2018 年 6 月 15 日

汇款人	全　称	滨海市羊口家具有限公司	收款人	全　称	青岛东方股份有限公司
	账　号	8456223362353123		账　号	210254932765288
	汇出地点	山东省潍坊市		汇入地点	青岛市黄岛区
	汇出行名称	中国农业银行开发区支行		汇入行名称	建设银行黄岛支行

人民币 (大写)	伍万捌仟元整	百 十 万 千 百 十 元 角 分
		￥ 5 8 0 0 0 0 0 0

办讫章 2018.06.15

支付密码

附加信息及用途：

汇出行签章

2. 投资者投入

（2-1）

股东会决议

……决定增加公司注册资本，接受新股东山东华为公司的固定资产投资，以经协商确定的价值作为投资价值，并由其开具增值税专用发票。

…………

滨海市羊口家具有限公司
8年6月18日

（2-2）

山东省增值税专用发票

4200036921　　　　　　　　　　　　　　　　　　　　　　　NO　05958749

发票联

开票日期：2018年06月18日

购货单位	名称	滨海市羊口家具有限公司				密码区	2<>30-2+8+9<+6-1+874<	加密版本号
	纳税人识别号	210019994321016					5>+5960/4326776-/+/9)	61
	地址、电话	高新区潍北路601号　1234567					3<11/5<1++/22028*44/0	1100036931
	开户行及账号	中国农业银行开发支行　8456223362353123					5>5<22->>2*09/>>27	06958723
货物或应税劳务名称		规格型号	单位	数量	单价	金额	税率	税额
钻床		T845	台	1	50,000.00	50,000.00	16%	8,000.00
合计				1		50,000.00		8,000.00
价税合计（大写）		人民币伍万捌仟元整				￥58,000.00		
销售单位	名称	山东华为股份有限公司				备注	山东华为股份有限公司	
	纳税人识别号	210019994328896					210019994328896	
	地址、电话	青岛市黄岛区健康路5号					发票专用章	
	开户行及账号	建设银行黄岛支行　210254932765894						

收款人：XX　　　复核：XX　　　开票人：XX　　　销货单位（章）

第三联　发票联　购货方记账凭证

（2-3）

山东省增值税专用发票

4200036921   NO 05958749

开票日期：2018年 06月 18日

购货单位	名　　称：	滨海市羊口家具有限公司		密码区	2◇30-2+8+9<+6-1+874< 5>+5960/4326776-/-+/9) 3<11/5<1++/22028*44/0 5>5<22.>>2*09/>>27	加密版本号 61 1100036931 06958723
	纳税人识别号：	210019994321016				
	地址、电话：	高新区潍北路601号　1234567				
	开户行及账号：	中国农业银行开发区支行　8456223362353123				

货物或应税劳务名称	规格型号	单位	数量	单价	金额	税率	税额
钻床	T845	台	1	50,000.00	50,000.00	16%	8,000.00
合　　计			1		50,000.00		8,000.00

价税合计（大写）	人民币伍万捌仟元整	￥58,000.00

销售单位	名　　称：	山东华为股份有限公司	备注
	纳税人识别号：	210019994328896	
	地址、电话：	青岛市黄岛区健康路5号	
	开户行及账号：	建设银行黄岛支行 210254932765894	

收款人：XX　　　　复核：XX　　　　开票人：XX　　　　销货单位（章）

第二联　抵扣票联　购货方扣税凭证

3. 盘盈

滨海市羊口家具有限公司固定资产盘点表

截至日：2018年6月31日

固定资产名称	存放地点	单位	账面数	实际盘存数量	盘盈+（亏）数量	备注
钻床	一车间	台	3	4	+1	2015年12月购入
略						
略						

财务负责人：XX　　　　盘点：XX　　　　资产管理人：XX　　　　制表：XX

固定资产盘盈盘亏账务处理审批表

审批项目：固定资产盘盈盘亏处理	盘盈项目及说明：盘盈钻床一台，购入时间为2015年12月。
盘盈资产重置成本80,000.00元。	
处理意见：不考虑相关税费及其他因素的影响，按照企业会计准则要求进行账务处理。	
资产管理人：属实.XX　　财务负责人：属实.XX	总经理签批：同意账务处理.XX

（二）教学目标

1. 能了解固定资产的概念、特点及初始计量。
2. 能熟悉固定资产增加的方式。
3. 能准确进行不同的增加方式的会计核算。
4. 能熟练填制记账凭证、登记账簿。

（三）教学资源

1. 教师准备：多媒体PPT课件、滨海市羊口家具有限公司2018年6月份固定资产增加相关业务原始单据、记账凭证、账簿、学生工作页、任务操作单
2. 学生自带工具：财会专用笔、计算器、直尺、私章

（四）教学组织

将学生分为6人一组，每小组设两人为组长：一人为成绩优异者，负责理论学习，并辅导其他同学；另一人为组织能力、动手能力见长者，负责任务分工、组织实训操作。在完成资产管理岗位会计核算的同时，组内成员轮流担任出纳、会计、主管等角色来完成记账凭证的填制、账簿的登记，由组长对任务及人员进行策划分工，各成员分别承担各自任务。利用PPT多媒体教学课件，展现课程任务；根据课程任务，组织小组讨论，采用教师引领、学生抢答的方式；最后，完成记账凭证的填制、账簿的登记、工作页的填写。

（五）教学过程

阶段	项目教学过程		学生学的活动	教师教的活动
1	项目引入	项目描述	1. 了解固定资产的概念、特点及初始计量 2. 能进行固定资产增加的日常业务核算	1. 展示滨海市羊口家具有限公司2018年6月份固定资产增加的原始单据 2. 展示任务，本任务是了解固定资产的概念、特点及初始计量，重点在于固定资产取得的核算方法
		知识准备	了解固定资产增加的方式	讲解固定资产增加的几种方式
2	项目实施	步骤1 购入固定资产的核算	1. 根据提供的资料计算购入固定资产的实际成本 2. 小组讨论编制购入固定资产的会计分录	1. 展示2018年6月份滨海市羊口家具有限公司购入固定资产的原始单据 2. 讲解购入固定资产的会计核算 3. 巡查指导学生，对学生提出的疑问及时给予解答指导

续表

阶段	项目教学过程		学生学的活动	教师教的活动
2	项目实施	步骤2 投资者投入固定资产的核算	1. 根据提供的资料计算应计入投资者投入固定资产成本及增值税 2. 小组讨论编制投资者投入固定资产的会计分录	1. 提供2018年6月份滨海市羊口家具有限公司投资者投入固定资产的会计资料 2. 讲解投资者投入固定资产的会计核算 3. 巡查指导学生,对学生提出的疑问及时给予解答指导
		步骤3 盘盈固定资产的核算	1. 根据提供的资料计算盘盈固定资产的成本 2. 小组讨论;编制盘盈固定资产的会计分录	1. 提供2018年6月份滨海市羊口家具有限公司盘盈固定资产的会计资料 2. 讲解盘盈固定资产的会计核算 3. 巡查指导学生,对学生提出的疑问及时给予解答指导
		步骤4 填制记账凭证、登记账簿	1. 根据上述会计分录,分角色完成记账凭证的填制、审核签字和记账工作 2. 根据审核无误的记账凭证和原始凭证登记账簿	1. 强调记账凭证的填制要求及注意事项:摘要简明、日期正确、编号准确 2. 强调账簿登记时凭证的选择,日期、摘要、编号、金额要准确
3	项目总结	项目展示与总体评价	1. 小组展示固定资产增加的学生工作页、记账凭证、账簿 2. 通过对他人最终成果的优点与不足的评价,提高自己对质量的理解	1. 组织学生展示各组或各人的最终成果 2. 组织学生对最终成果进行互评,让学生通过发现他人的问题提高学生自己对质量的理解
		项目学习小结	积极归纳通过固定资产增加核算所取得的学习成果	引导学生自我归纳通过固定资产增加核算所获得的新知识

（六）技能考核

序号	技能	评判结果	
		是	否
1	能准确计算增加固定资产的成本		
2	能正确填制记账凭证		
3	能准确完整登记账簿		

二、任务操作单

任务操作单

专业名称 会计电算化　　　　　　　**课程名称** 企业财务会计

工作任务： 固定性资产增加的核算

注意事项： 注意不同增加方式下，对方会计科目的使用。

步骤	操作方法与说明	核算流程	备注
1	外购固定资产	1. 外购资产发生的价款、运杂费、装卸费、包装费、安装费及安装人员的服务费计入"固定资产" 2. 如果有抵扣联税款计入应交税费"应交税费"，没有抵扣联税款计入"固定资产"	借：固定资产 　　应交税费—应交增值税（进项税额） 贷：银行存款 　　应付账款	P-E
2	投资者投入固定资产	1. 投资者投入的资产，按投资各方确认的价值（合同或约定价值不公允的除外）计入"固定资产" 2. 如果有抵扣联税款计入"应交税费"，没有抵扣联税款计入"固定资产" 3. 投入资产作为企业的"实收资本"，超过溢价的部分计入"资本公积"	借：固定资产 　　应交税费—应交增值税（进项税额） 贷：实收资本 　　资本公积	P-M

续表

步骤	操作方法与说明	核算流程	备注
3	盘盈的固定资产	盘盈的固定资产计入"以前年度损益调整"	借：固定资产 　贷：以前年度损益调整	P–M

三、学生工作页

学生工作页

任务名称： 固定性资产增加的核算

一、工作目标（完成工作最终要达到的成果的形式）

1. 固定资产的增加方式。
2. 编制不同增加方式下的会计分录。
3. 填制记账凭证、登记账簿。

二、工作实施（过程步骤、技术参数、要领等）

1. 编制购入固定资产的会计分录。

2. 编制投资者投入的固定资产的会计分录。

3. 编制盘盈固定资产的会计分录。

4. 填制记账凭证，登记账簿。

续 表

三、工作反思（检验评价、总结拓展等）

1. 2018年6月1日，浩泰企业购入需要安装的生产设备一台，取得的增值税专用发票注明价款600 000元，增值税税额96 000元，运杂费5 000元，款项均以银行存款支付。6月5日，该设备交付安装，安装期间领用生产用原材料2 000元，应付安装工人工资3 000元，以银行存款支付其他安装费用6 000元。安装完毕后，经验收合格交付使用。

要求：编制购入设备、安装期间发生各项费用、完工交付使用的会计分录。

2. 企业购入不需要安装的设备一台价款40 000元，增值税额为6 400元，运杂费为1 000元，该固定资产的成本为（　　）。

A. 40 000　　　　B. 46 800元　　　　C. 47 800元　　　　D. 41 000元

任务二　固定资产的折旧的核算

一、教学设计

（一）任务描述

根据滨海市羊口家具有限公司2018年6月份有关固定资产折旧的经济业务，运用四种不同的折旧方法完成折旧额的计算，编制年数总和法计算表、双倍余额递减法计算表。

1. 直线法

滨海市羊口家具有限公司有一仓库，原值800 000元，预计可使用20年，预计净残率4%，计算该仓库的年折旧额、年折旧率，月折旧额、月折旧率。

2. 工作量法

滨海市羊口家具有限公司有一设备，原值500 000元，预计净残值为15 000元，预计总工作量160 000小时，本月工作小时200小时，计算本月折旧额。

3. 年数总和法

滨海市羊口家具有限公司一台生产用电子设备，原值48 000元，预计可使用5年，预计净残值为1 440元，采用年数总和法填列下表。

使用年限	固定折旧基数	尚可使用年限	年数总和	年折旧率	累计折旧额	期末折余价值
0						
1						
2						
3						
4						
5						
合计						

4. 双倍余额递减法

滨海市羊口家具有限公司一台生产用电子设备，原值260 000元，预计可使用5年，预计净残值为10 400元，采用双倍余额递减法填列下表。

使用年限	年初账面折余价值	年折旧率	年折旧额	累计折旧额	年末账面折余价值
0					
1					
2					
3					
4					
5					
合计					

（二）教学目标

1. 能了解固定资产折旧的概念、折旧的因素、计提折旧的范围。
2. 能熟知四种折旧方法的计算公式并计算折旧额。
3. 能编制年数总和法计算表、双倍余额递减法计算表。

（三）教学资源

1. 教师准备：多媒体PPT课件、滨海市羊口家具有限公司2018年6月份应固定资产折旧相关业务原始单据、双倍余额递减法计算表，年数总和法计算表、学生工作页、任务操作单

2.学生自带工具：财会专用笔、计算器、直尺、私章

（四）教学组织

将学生分为6人一组，每小组设两人为组长：一人为成绩优异者，负责理论学习，并辅导其他同学；另一人为组织能力、动手能力见长者，负责任务分工、组织实训操作。本任务的教学关键是折旧额的计算，通过对不同折旧方法的掌握，由学生独立完成直线法下折旧额、折旧率的计算，工作量法折旧额的计算，小组讨论完成年数总和法计算表、双倍余额递减法计算表的填制。利用PPT多媒体教学课件，展现课程任务；根据课程任务，组织小组讨论，采用教师引领、学生抢答的方式；最后，完成工作页的填写。

（五）教学过程

阶段	项目教学过程		学生学的活动	教师教的活动
1	项目引入	项目描述	1.熟知四种折旧方法的计算公式 2.能完成直线法、工作量法折旧的计算，年数总和法计算表、双倍余额递减法计算表的编制	1.展示滨海市羊口家具有限公司2018年6月份有关固定资产折旧的经济业务，年数总和法计算表、双倍余额递减法计算表 2.展示任务。本任务是完成直线法、工作量法月折旧额的计算，年数总和法计算表、双倍余额递减法计算表的编制
		知识准备	了解固定资产折旧的概念、折旧的因素、计提折旧的范围	讲解固定资产折旧的概念、折旧的因素、计提折旧的范围、4种固定资产折旧方法的计算公式
2	项目实施	步骤1 直线法下折旧的计算	1.理解并记忆直线法下年折旧率、年折旧额、月折旧率、月折旧额的公式 2.个人独立完成例题中各项目的计算	1.讲解直线法下年折旧率、年折旧额、月折旧率、月折旧额的计算公式 2.展示例题，巡视查看，解答学生疑问 3.订正答案，归纳性讲解任务完成过程中存在的共性问题

续表

阶段	项目教学过程	学生学的活动	教师教的活动
2	项目实施		
	步骤2 工作量法下折旧的计算	1. 理解工作量法下单位工作量折旧额、月折旧额的计算公式 2. 个人独立完成例题中各项目的计算	1. 讲解工作量法下单位工作量折旧额、月折旧额的计算公式 2. 展示例题，巡视查看，解答学生疑问 3. 订正答案，归纳性讲解任务完成过程中存在的共性问题
	步骤3 年数总和法计算表的编制	1. 理解年数总和法下折旧基数、折旧率、折旧额的计算公式 2. 小组讨论，逐年计算折旧率、年折旧额、月折旧额并填表 3. 核对答案，提出疑问	1. 讲解年数总和法下折旧基数、折旧率、折旧额的计算公式 2. 展示例题及计算表，巡视查看，解答学生疑问 3. 订正答案，解答疑问，讲解计算过程及步骤
	步骤4 双倍余额递减法计算表的编制	1. 理解双倍余额递减法下年初账面折余价值、折旧率、折旧额的计算公式 2. 小组讨论，逐年计算折旧率、年折旧额、月折旧额并填表 3. 核对答案，提出疑问	1. 讲解双倍余额递减法下年初账面折余价值、折旧率、折旧额的计算公式 2. 展示例题及计算表，巡视查看，解答学生疑问 3. 订正答案，解答疑问，讲解计算过程及步骤
3	项目总结		
	项目展示与总体评价	1. 小组展示年数总和法计算表和双倍余额递减法计算表 2. 通过对他人最终成果的优点与不足的评价，提高自己对质量的理解	1. 组织学生展示各组或各人的最终成果 2. 组织学生对最终成果进行互评，让学生通过发现他人的问题提高学生自己对质量的理解
	项目学习小结	积极归纳通过固定资产折旧所取得的学习成果	引导学生自我归纳通过固定资产折旧所获得的新知识

（六）技能考核

序号	技能	评判结果	
		是	否
1	能准确计算4种折旧方法的折旧额、折旧率		
2	能正确编制年数总和法计算表		
3	能正确编制双倍余额递减法计算表		

二、任务操作单

任务操作单

专业名称 会计电算化　　　　　**课程名称** 企业财务会计

工作任务：固定资产折旧的核算

根据滨海市羊口家具有限公司2018年6月份有关固定资产折旧的经济业务，运用不同的折旧方法计算折旧率、折旧额。

注意事项：

	步骤	操作方法与说明	质量	备注
1	直线法计算年折旧率、年折旧额、月折旧率、月折旧额	年折旧率=（1-预计净残值率）÷预计使用寿命（年）×100% 年折旧额=固定资产原价×年折旧率 月折旧率=年折旧率÷12 月折旧额=固定资产原价×月折旧率	公式使用正确，不要漏掉乘以100%，年折旧额=月折旧额×12 每月的折旧率、折旧额是相等的	P-E
2	工作量法计算单位工作量折旧额、月折旧额	单位工作量折旧额=固定资产原值×（1-预计净残值率）÷预计总工作量 某项固定资产月折旧额=该项固定资产当月工作量×每单位工作量折旧额	先算单位工作量的折旧额，再根据这个月的使用量计算月折旧额	P-M

续表

步骤		操作方法与说明	质量	备注
3	年数总和法计算折旧基数、折旧率、折旧额	固定的折旧基数=固定资产原值-预计净残值 逐年递减年折旧率=（预计折旧年限-已折旧年限）÷[预计折旧年限×（预计折旧年限+1）÷2]×100% 年数总和法的计算公式为： 月折旧额=（固定资产原值-预计净残值）×逐年递减的年折旧率÷12	折旧基数的不变的，折旧率逐年降低，月折旧额逐年降低	P-M
4	双倍余额递减法计算年折旧率、月折旧额	年折旧率=2÷预计使用年限×100% 月折旧额=年初固定资产折余价值×年折旧率÷12（应当在其固定资产折旧年限到期的前两年内，将固定资产账面折余价值扣除预计净残值后的剩余价值在两年间平均摊销）	除最后两年，每月的折旧率跟折旧额是相等的	P-M

三、学生工作页

学生工作页

任务名称： 固定资产折旧的计算

一、工作目标（完成工作最终要达到的成果的形式）

1. 直线法下折旧额的计算。
2. 工作量法下折旧额的计算。
3. 年数总和法下折旧额的计算并编制折旧表。
4. 双倍余额递减法下折旧额的计算并编制折旧表。

二、工作实施（过程步骤、技术参数、要领等）

1. 直线法下折旧额的计算。

2. 工作量法下折旧额的计算。

续表

3.编制年数总和法计算表。

使用年限	固定折旧基数	尚可使用年限	年数总和	年折旧率	累计折旧额	期末折余价值
0						
1						
2						
3						
4						
5						
合计						

4.编制双倍余额递减法计算表。

使用年限	年初账面折余价值	年折旧率	年折旧额	累计折旧额	年末账面折余价值
0					
1					
2					
3					
4					
5					
合计					

三、工作反思（检验评价、总结拓展等）

1.（1）富康企业一台汽车原值180 000元，预计净残值率为4%，预计使用年限为8年。

（2）某企业大型车辆一台，原值220 000元，预计净残值10 000元，预计工作总时数2 000小时，本月实际作业10小时。

（3）某煤炭公司采矿设备原价150 000元，预计净残值6 000元，该设备预计采矿量800 000吨，本月实际采矿12 000吨。

要求：根据以上资料，分别计算出各项固定资产本月应提折旧额。

2.企业采用直线法按月提取固定资产折旧额的基本依据是（　　）。

A.月初应提折旧的固定资产账面原值　　B.月初应提折旧的固定资产账面净值

C.月初应提折旧的固定资产账面价值　　D.月初应提折旧的固定资产重置价值

3.影响固定资产折旧的因素有（　　）。

A.固定资产的原值　　B.固定资产的净残值

C.固定资产的使用年限　　D.固定资产的年折旧率

4.（　　）不应计提折旧。

A.经营租出的固定资产　　B.未用的机器设备

C.已提足折旧继续使用的固定资产　　D.经营租入的固定资产

任务三　固定资产处置的核算

一、教学设计

（一）任务描述

根据滨海市羊口家具有限公司2018年6月份的日常经济业务，完成企业固定资产处置的核算，填制记账凭证，登记账簿。

1. 出售

（1-1）

滨海市羊口家具有限公司处理固定资产审批单

2018 年 6 月 11 日

固定资产名称	钻床	型号	T369
购入时间	2016 年 8 月	处置原因	与公司产品生产不匹配
接受单位	山东世达工程有限公司	出售价格	50,000.00
账面原值	48,000.00	已提折旧	1,900.00
资产管理人	***	使用人	****

财务负责人：XX　　　　　　　　　　　总经理审批：XX

（1-2）

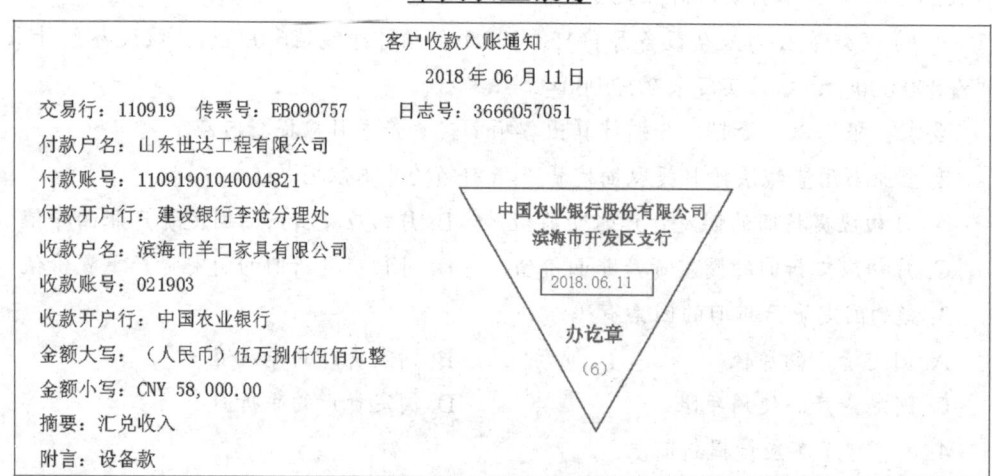

(1-3)

山东省增值税专用发票

4200036921　　　　　　　　　　　　　　　　　　　　　　　NO 05958769

开票日期：2018 年 06 月 11 日

购货单位	名　　　称：	山东世达工程有限责任公司	密码区	2<>30-2+8+9<+6-1+673<	加密版本号
	纳税人识别号：	21025493276895		5>+5960/4326776-/+/9)	61
	地　址、电　话：	青岛市李沧区太公路 65 号		3<11/5<1++/22028*44/0	1100036931
	开户行及账号：	建设银行李沧分理处 11091901040004821		5>5<22.->2*09/>>29	06958723

货物或应税劳务名称	规格型号	单位	数量	单价	金额	税率	税额
钻床	T369	台	1	50,000.00	50,000.00	16%	8,000.00
合　　　　计			1		50,000.00		8,000.00

价税合计（大写）	人民币伍万捌仟元整	（小写）¥58,000.00

销售单位	名　　　称：	滨海市羊口家具有限公司	备注
	纳税人识别号：	210019994321016	
	地　址、电　话：	高新区潍北路 601 号　1234567	
	开户行及账号：	中国农业银行开发区支行　8456223362353123	

收款人：XX　　　　复核：XX　　　　开票人：XX

2. 报废

(2-1)

固定资产报废单
2018 年 6 月 20 日

固定资产名称	规格型号	单位	数量	预计使用年限	已使用年限	原始价值	已提折旧	本月应提折旧	备注
车间用机床	T331	台	1	20	15	48,000.00	36,000.00	200.00	

固定资产状况及报废原因	因自然灾害导致仓库倒塌，该机床被砸损毁，已不能继续使用。			
处理意见	使用部门	技术鉴定小组	固定资产管理部门	主管部门审批
	因自然灾害	情况属实	同意转入清理	同意报废

固定资产报废审批单
2018 年 6 月 20 日

固定资产名称	购入时间	固定资产原值	已提折旧	清理原因	固定资产管理部门鉴	财务部审核	总经理审批
车间用机床	2014 年 2 月	150,000.00	128,250.00	报废	已损坏，无法使用	属实	同意报废清理
		☆☆☆	☆☆☆				☆☆☆

（2-2）

（2-3）

统一收款收据

记账联
2018 年 6 月 20 日

缴款单位	滨海市大华工程有限公司		
款项内容	废品收入	收款方式	现金
人民币（大写）	壹仟伍佰元整	¥1,500.00	
备注：	收款单位盖章	收款人	现金收讫

（2-4）

内 部 转 账 单

2018 年 6 月 20 日

项　目	金　额	备　注
报废净值	21,750.00	
清理费用	1,000.00	
处置废品收入	1,500.00	
清理净损失（或收益）	（21,250.00）	

财务负责人：XX　　　　　　　　　　　　制表：XX

3. 盘亏

（3-1）

滨海市羊口家具有限公司固定资产盘点表

截至日：2018 年 6 月 30 日

固定资产名称	存放地点	单位	账面数	实际盘存	盘盈+（亏-）数量	备注
钻床	一车间	台	4	3	1	长期闲置
略						
略						

财务负责人：XX　　　　盘点：XX　　　　资产管理人：XX　　　　制表：XX

（3-2）

固定资产盘盈盘亏账务处理审批表

审批项目：固定资产盘盈盘亏处理	盘亏项目及说明：盘亏钻床一台，购入时间为2013年7月，原存放一车间，后因其生产产品不合格，长期闲置。
盘亏资产账面：账面原值280,000.00元，已提累计折旧133,000.00，已提减值准备100,000.00元	
处理意见：无法查明原因，按照企业会计准则要求进行账务处理。	
资产管理人：属实　　财务负责人：属实　　总经理签批：同意账务处理	

（二）教学目标

1. 能准确辨析固定资产出售、报废、盘亏的原始凭证。
2. 能正确进行固定资产出售、报废、盘亏的会计核算。
3. 能熟练填制记账凭证、登记账簿。

（三）教学资源

1. 教师准备：多媒体PPT课件、滨海市羊口家具有限公司2018年6月份固定资产处置相关业务原始单据、记账凭证、账簿、学生工作页、任务操作单
2. 学生自带工具：财会专用笔、计算器、直尺、私章

（四）教学组织

将学生分为6人一组，每小组设两人为组长：一人为成绩优异者，负责理论学习，并辅导其他同学；另一人为组织能力、动手能力见长者，负责任务分工、组织实训操作。在完成资产管理岗位会计核算的同时，组内成员轮流担任出纳、会计、主管等角色来完成记账凭证的填制、账簿的登记，由组长对任务及人员进行策划分工，各成员分别承担各自任务。利用PPT多媒体教学课件，展现课程任务；根据课程任务，组织小组讨论，采用教师引领、学生抢答的方式；最后，完成记账凭证的填制、账簿的登记、工作页的填写。

（五）教学过程

阶段	项目教学过程		学生学的活动	教师教的活动
1	项目引入	项目描述	1. 能辨析固定资产出售、报废、盘亏的原始单据 2. 能完成固定资产出售、报废、盘亏的日常业务核算	1. 展示滨海市羊口家具有限公司2018年6月份有关固定资产处置的会计资料 2. 展示任务，本任务是能辨析固定资产出售、报废、盘亏的原始单据并进行账务处理

续 表

阶段	项目教学过程		学生学的活动	教师教的活动
1	项目引入	知识准备	理解"固定资产清理""待处理财产损溢"账户性质及核算内容	讲解出售、报废计入"固定资产清理",盘亏计入"待处理财产损溢"
2	项目实施	步骤1 固定资产出售的会计核算	1. 辨析固定资产处置审批单、银行入账单、销售发票等原始单据 2. 组内讨论转入清理、收回固定资产价款、结转净损益的核算流程,编制固定资产出售的会计分录	1. 展示滨海市羊口家具有限公司2018年6月份固定资产出售的原始单据 2. 讲解业务相关原始凭证 3. 讲解出售固定资产的业务核算流程 4. 核对会计分录,归纳性讲解固定资产出售核算过程中同学们存在的共性问题 5. 评价各小组完成情况
		步骤2 固定资产报废的会计核算	1. 辨析固定资产报废审批单、银行存根、收款收据、内部转账单等原始单据 2. 组内讨论转入清理、材料变价收入、支付清理费用、结转净损益的核算流程,编制固定资产报废的会计分录	1. 展示滨海市羊口家具有限公司2018年6月份固定资产报废的原始单据 2. 讲解业务相关原始凭证 3. 讲解出售固定资产的业务核算流程 4. 核对会计分录,归纳性讲解固定资产报废核算过程中同学们存在的共性问题 5. 评价各小组完成情况
		步骤3 固定资产盘亏的会计核算	1. 辨析固定资产盘点表、银行账务处理表等原始单据 2. 组内讨论固定资产盘亏时、批准处理后的核算流程,编制固定资产盘亏的会计分录	1. 展示滨海市羊口家具有限公司2018年6月份固定资产报废的原始单据 2. 讲解企业相关原始凭证 3. 讲解盘亏固定资产的业务核算流程 4. 核对会计分录 5. 评价各小组完成情况

续表

阶段	项目教学过程		学生学的活动	教师教的活动
2	项目实施	步骤4 填制记账凭证、登记账簿	1. 根据准确无误的会计分录，分角色完成记账凭证的填制、签字及审核工作 2. 根据审核无误的记账凭证和原始凭证登记账簿	1. 强调记账凭证的填制要求及注意事项：摘要简明、日期正确、编号准确 2. 讲解账簿的登记要求及注意事项
3	项目总结	项目展示与总体评价	1. 小组展示，固定资产处置的核算的工作页、记账凭证、账簿 2. 通过对他人最终成果的优点与不足的评价，提高自己对质量的理解	1. 组织学生展示各组或各人的最终成果 2. 组织学生对最终成果进行互评，让学生通过发现他人的问题提高学生自己对质量的理解
		项目学习小结	积极归纳通过固定资产处置核算所取得的学习成果	引导学生自我归纳通过固定资产处置核算所获得的新知识

（六）技能考核

序号	技能	评判结果	
		是	否
1	能正确填制记账凭证		
2	能准确完整登记账簿		

二、任务操作单

任务操作单	
专业名称　会计电算化	课程名称　企业财务会计
工作任务：固定资产处置的核算	

续表

步骤		操作方法与说明	核算流程	备注
1	固定资产出售的会计核算	（1）固定资产转入清理，要将原来计提的"累计折旧"和"固定资产减值准备"进行冲减 （2）固定资产对外销售需要计算缴纳增值税 （3）计算"固定资产清理"余额，结转计入"营业外收入""营业外支出"	（1）转入净值 借：固定资产清理 　　固定资产减值准备 　　累计折旧 　贷：固定资产 （2）收取价款 借：银行存款 　贷：固定资产清理 　　　应交税费——应交增值税 　　　　（销项税额） （3）结转净损益 借：固定资产清理 　贷：营业外收入 借：营业外支出 　贷：固定资产清理	P-D
2	固定资产报废的会计核算	（1）固定资产转入清理，要将原来计提的"累计折旧"和"固定资产减值准备"进行冲减 （2）在固定资产清理过程中发生的收入、支出、费用全部计入"固定资产清理" （3）计算"固定资产清理"余额，结转计入"营业外支出""营业外收入"	（1）转入净值 借：固定资产清理 　　固定资产减值准备 　　累计折旧 　贷：固定资产 （2）收取赔款或残料收入 借：银行存款 　　其他应收款 　　原材料 　贷：固定资产清理 （3）支付清理费用 借：固定资产清理 　贷：银行存款 （4）结转净损益 借：固定资产清理 　贷：营业外收入 借：营业外支出 　贷：固定资产清理	P-D

续表

步骤		操作方法与说明	核算流程	备注
3	固定资产盘亏的会计核算	（1）固定资产盘亏，要将原来计提的"累计折旧"和"固定资产减值准备"进行冲减，进项税额转出 （2）计算"固定资产清理"余额，结转计入"营业外支出"	（1）盘亏时 借：待处理财产损益 　　累计折旧 　　固定资产减值准备 　贷：固定资产 　　　应交税费——应交增值税 　　　（进项税额转出） （2）经批准后 借：营业外支出 　贷：待处理财产损溢	P–D

三、学生工作页

学生工作页

任务名称： 固定资产处置的核算

一、工作目标（完成工作最终要达到的成果的形式）
1.编制固定资产出售、报废、盘亏的会计分录。 2.填制记账凭证，登记账簿。

二、工作实施（过程步骤、技术参数、要领等）
1.编制固定资产出售的会计分录。   2.编制固定资产报废的会计分录。   3.编制固定资产盘亏的会计分录。

4. 填制记账凭证，登记账簿。

三、工作反思（检验评价、总结拓展等）

甲公司为增值税一般纳税人，适用的增值税税率为16%。2018年购置了一套需要安装的生产线，与该生产线有关的业务如下：

（1）2018年3月30日，为构建该生产线向建设银行专门借入资金1 000 000元，并存入银行。该借款期限两年，年利率9.6%，到期一次性还本付息，不计复利。

（2）2018年3月30日，用上述借款购入待安装的生产线，增值税专用发票上注明买价800 000元，增值税税额128 000元。另支付保险等其他杂费64 000元。该生产线交付本公司安装部门安装。

（3）安装生产线时，领用生产材料一批。该批材料的实际成本为160 000元。

（4）应付安装工程人员工资146 000元。用银行存款支付其他安装费用58 800元。

（5）2018年7月31日，安装工程结束，并随即投入生产车间使用。该生产线预计使用5年，预计净残值率为5%，采用双倍余额递减法计提折旧。

（6）2018年10月1日，因管理不善该生产线提前报废，发生清理费用20 000元，清理过程中取得残料变价收入580 000元（含税）。

要求：

（1）计算2018年建设生产线的入账价值。

（2）计算2018年该生产线的折旧额。

（3）编制甲公司2018年生产线进行清理的有关会计分录。

任务四　无形资产取得、摊销与处置的核算

一、教学设计

（一）任务描述

根据滨海市羊口家具有限公司2018年6月份有关无形资产业务，完成无形资产的取得、摊销、出租以及出售的会计业务核算，编制记账凭证。

1. 取得无形资产

2. 摊销无形资产

无形资产2018年6月摊销明细表

2018年6月

无形资产	原值	使用年限	残值	月摊销
商标权	106,000.00	10	0	883.33
合计	106,000.00	10	0	883.33

3. 出租无形资产

（3-1）

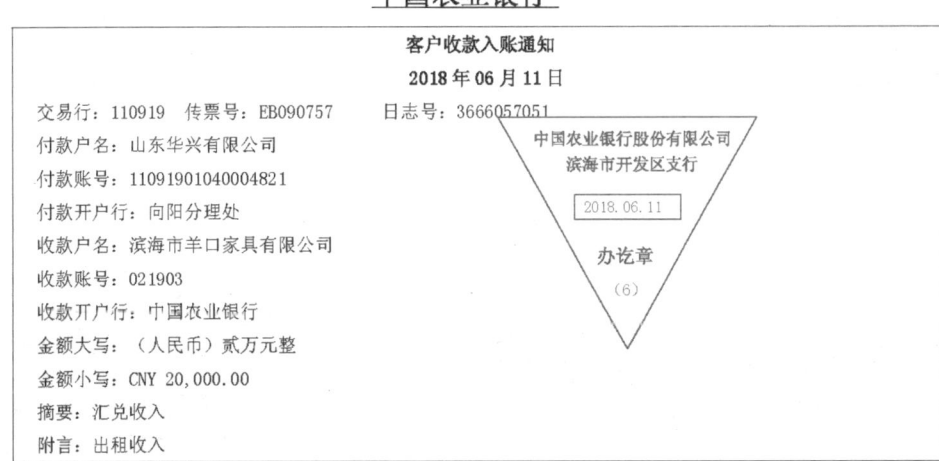

（3-2）

山东省增值税专用发票　　NO 06978531

开票日期：2018 年 6 月 11 日

购货单位	名　称：	山东华兴有限公司			密码区	3<>30-2+8+9<+6-1+829<	加密版本号
	纳税人识别号：	3100198843212968				4>+5960/4326776-/-+/9>	72
	地　址、电　话：	潍坊市东风大街22号				7<11/5<1++/22028*63/0	2256036931
	开户行及账号：	建行　1200223362334924				8>5<22->>2*09/>>31	0758734
货物或应税劳务名称	规格型号	单位	数量	单价	金额	税率	税额
租赁商标权		项	1	2,000.00	2,000.00	6%	120.00
合　　　计					2,000.00	6%	120.00
价税合计（大写）	人民币贰仟壹佰贰拾元整				（小写）¥2,120.00		
销售单位	名　称：	滨海市羊口家具有限公司			备注		
	纳税人识别号：	210019994321016					
	地　址、电　话：	高新区潍北路601号　1234567					
	开户行及账号：	中国农业银行开发区支行　8456223362353123					

收款人：XX　　复核：XX　　开票人：XX　　销货单位（章）

4. 出售无形资产

（4-1）

山东省增值税专用发票　　NO 06958529

开票日期：2018 年 6 月 30 日

购货单位	名　称：	华南商贸有限责任公司			密码区	3<>30-2+8+9<+6-1+874<	加密版本号
	纳税人识别号：	3100198843212968				4>+5960/4326776-/-+/9>	72
	地　址、电　话：	潍坊市东风大街22号				7<11/5<1++/22028*44/0	2256036931
	开户行及账号：	建行　1200223362334924				8>5<22->>2*09/>>31	0758734
货物或应税劳务名称	规格型号	单位	数量	单价	金额	税率	税额
租赁商标权		项	1	110,000.00	110,000.00	6%	6,600.00
合　　　计					110,000.00	6%	6,600.00
价税合计（大写）	人民币壹拾壹万陆仟陆佰元整				（小写）¥116,600.00		
销售单位	名　称：	滨海市羊口家具有限公司			备注		
	纳税人识别号：	210019994321016					
	地　址、电　话：	高新区潍北路601号　8768300					
	开户行及账号：	中国农业银行开发区支行　8456223362353123					

收款人：XX　　复核：XX　　开票人：XX　　销货单位（章）

（4-2）

无形资产调拨单

2018年6月30日

无形资产名称	规格型号	单位	数量	预计使用年限	已使用年限	原始价值	已摊销额	备注
商标权		项	1	10	1个月	106,000.00	883.33	
调拨原因	销售							
处理意见	使用部门		技术鉴定小组		固定资产管理部门		主管部门审批	
	同意		同意		同意		同意	

（16）

（二）教学目标

1.能了解无形资产的概念、特征及内容。

2.能进行无形资产增加、无形资产摊销的会计核算。

3.能正确进行无形资产出租、出售的会计核算。

4.能熟练填制记账凭证、登记账簿。

（三）教学资源

1.教师准备：多媒体PPT课件、滨海市羊口家具有限公司2018年6月份五项资产相关业务原始单据、记账凭证、账簿、学生工作页、任务操作单

2.学生自带工具：财会专用笔、计算器、直尺、私章

（四）教学组织

将学生分为6人一组，每小组设两人为组长：一人为成绩优异者，负责理论学习，并辅导其他同学；另一人为组织能力、动手能力见长者，负责任务分工、组织实训操作。在完成资产管理岗位会计核算的同时，组内成员轮流担任出纳、会计、主管等角色来完成记账凭证的填制、账簿的登记，由组长对任务及人员进行策划分工，各成员分别承担各自任务。利用PPT多媒体教学课件，展现课程任务；根据课程任务，组织小组讨论，采用教师引领、学生抢答的方式；最后，完成记账凭证的填制、账簿的登记、工作页的填写。

（五）教学过程

阶段	项目教学过程		学生学的活动	教师教的活动
1	项目引入	项目描述	1.了解无形资产的概念、特征及内容 2.能进行无形资产增加、无形资产摊销的日常业务核算能完成无形资产出租、出售的日常业务核算	1.展示2018年6月份滨海市羊口家具有限公司无形资产的原始单据 2.展示任务。本任务是了解无形资产的概念、特征及内容，重点是能进行无形资产增加、无形资产摊销的日常业务核算，难点是能完成无形资产出租、出售的日常业务核算

续表

阶段	项目教学过程		学生学的活动	教师教的活动
1	项目引入	知识准备	1. 了解无形资产的内容：专利权、商标权、著作权、非专利技术、土地使用权、特许权 2. 理解无形资产可供使用当月摊销、处置当月不再摊销	1. 讲解无形资产种类、特点、使用年限 2. 讲解无形资产摊销的空间范围和时间范围
2	项目实施	步骤1 无形资产取得、摊销的核算	1. 辨析无形资产取得、摊销的原始单据 2. 理解"无形资产""累计摊销"账户的核算内容及账户性质 3. 小组讨论，完成无形资产的取得、摊销的业务核算	1. 展示2018年6月份滨海市羊口家具有限公司无形资产取得、摊销的原始单据 2. 讲解"无形资产""累计摊销"账户的核算内容及账户性质 3. 讲解无形资产的取得、摊销的业务核算方法 4. 巡查指导学生，对学生提出的疑问及时给予解答指导
		步骤2 无形资产处置的核算	1. 辨析无形资产出租、出售的原始单据 2. 小组讨论，出租、出售无形资产的业务核算流程，提出问题 3. 组内合作完成无形资产的取得、摊销的业务核算	1. 展示2018年6月份滨海市羊口家具有限公司无形资产处置的原始单据 2. 讲解出租、出售无形资产的业务核算流程 3. 巡查指导学生，对学生提出的疑问及时给予解答指导
		步骤3 填制记账凭证，登记账簿	1. 根据准确无误的会计分录，分角色完成记账凭证的填制、签字及审核工作 2. 登记明细账	1. 强调记账凭证的填制要求及注意事项：摘要简明、日期正确、编号准确 2. 讲解明细账的登记要求

续表

阶段	项目教学过程	学生学的活动	教师教的活动
3	项目展示与总体评价	1. 小组展示无形资产核算的工作页、记账凭证、账簿 2. 通过对他人最终成果的优点与不足的评价，提高自己对质量的理解	1. 组织学生展示各组或各人的最终成果 2. 组织学生对最终成果进行互评，让学生通过发现他人的问题提高学生自己对质量的理解
项目总结	项目学习小结	积极归纳通过无形资产核算所取得的学习成果	引导学生自我归纳通过无形资产核算所获得的新知识

（六）技能考核

序号	技能	评判结果	
		是	否
1	能准确计算无形资产的摊销金额		
2	能正确填制记账凭证		
3	能准确完整登记账簿		

二、任务操作单

任务操作单

专业名称　会计电算化　　　　　　　**课程名称**　企业财务会计

工作任务：无形资产取得、摊销与处置的核算

注意事项：无形资产的出租计入"其他业务收入"，无形资产的出售计入"主营业务收入"。

	步骤	操作方法与说明	核算流程	备注
1	无形资产取得	1. "无形资产"核算外购资产的采购成本 2. 如果有抵扣联税款计入"应交税费"，没有抵扣联税额计入"无形资产"	借：无形资产 　　应交税费—应交增值税 　　（进项税额） 　贷：银行存款 　　　应付账款	P—M

续表

步骤		操作方法与说明	核算流程	备注
2	无形资产摊销	1. 无形资产的摊销计入"累计摊销",当月增加当月摊销,处置当月不再摊销 2. 如果是自用无形资产对应科目是"管理费用",如果是对外出租对应科目是"其他业务成本"	自用 借：管理费用 　　制造费用 　贷：累计摊销 出租 借：其他业务成本 　贷：累计摊销	P-M
3	无形资产处置	1. 无形资产出售,要将原来计提的"累计摊销"和"无形资产减值准备"进行冲销 2. 无形资产对外销售需要计算缴纳增值税 3. 销售的净损益计入"营业外收入""营业外支出" 4. 无形资产对外出租,需要计算缴纳增值税；收入计入"其他业务收入",摊销计入"其他业务成本"	出售 借：银行存款 　　累计摊销 　　无形资产减值准备 　贷：无形资产 　　　银行存款 　　　应交税费—应交增值税 　　　　（销项税额） 　　　营业外收入 出租 借：银行存款 　贷：其他业务收入 　　　应交税费—应交增值税 　　　　（销项税额） 借：其他业务成本 　贷：累计摊销	P-D

三、学生工作页

学生工作页

任务名称： 无形资产取得、摊销与处置的核算

一、工作目标（完成工作最终要达到的成果的形式）

1. 编制无形资产取得、摊销与处置会计分录。
2. 填制记账凭证,登记账簿。

续表

二、工作实施（过程步骤、技术参数、要领等）
1. 编制无形资产取得的会计分录。   2. 编制无形资产摊销的会计分录。   3. 编制无形资产处置的会计分录。   4. 填制记账凭证，登记账簿。
三、工作反思（检验评价、总结拓展等）
常青公司2016年7月1日接受蜂花企业一项专利权投资，投资合同约定价值为84 000元，蜂花企业在常青公司注册资本中享有份额为60 000元，该项专利权的合同约定年限为10年，法律规定为12年。2018年7月1日，常青公司将该专利权出售，取得专用发票注明：价款为70 000元，增值税税率6%，价税款存入银行。   要求：编制接受投资、每月摊销和出售的会计分录。

项目六　职工薪酬岗位会计核算

项目描述

以滨海市羊口家具有限公司2018年6月份的日常经济业务为背景，完成企业缴纳个人所得税、缴纳社会保险费、非货币性职工薪酬的分配与发放、职工薪酬的分配与支付的核算。

一、教学设计

（一）任务描述

1. 缴纳个人所得税

中华人民共和国

个人所得税税收缴款书　　鲁地缴0534634号

注册类型:有限公司		填发日期:2018年6月5日		征收机关:滨海市地税局征管分局	
缴款单位（人）	代码	21001999432101	4846158	预算科目	编码
	全称	滨海市羊口家具有限公司			名称
	开户银行	中国农业银行开发区支行			级次
	账号	8456223362353123		收缴国库	市中心支库
税款所属时期 2018年5月1日至2018年5月31日				税款限缴日期 2018年6月5日	
品目名称	课税数量	计税金额或销售收入	税率或单位税额	已缴或扣除额	实缴金额
工薪所得		25,000.00	5%		1,250.00
工薪所得		5,000.00	10%		500.00
金额合计(大写):壹仟柒佰伍拾元整					￥1,750.00
缴款单位(人) 经办人(章)		税务机关(盖章) 填发人(章)		备注:上列款项已收妥并划转收款单位账户。 国库(银行)盖章 2018年6月5日	

2. 缴纳社会保险费

（2-1）

社会保险费专用收款票据

缴款单位：滨海市羊口家具有限公司　　　经济类别　　　　　　　　　　　　单位：元

收款项目	起始年月	终止年月	人数	单位缴款额	个人缴款额	滞纳金	利息	合计金额
基本养老保险	2018.5	2018.5	390	9,700.00	1,500.00			11,200.00
基本医疗保险				3,395.00	800.00			4,195.00
失业保险								
工伤保险								
生育保险								
合计（大写）	人民币壹万伍仟叁佰玖拾伍元整			13,095.00	2,300.00			15,395.00

收款单位：滨海市劳动保险处　　主管复核：XX　　业务复核：XX　　操作员：XX

（2-2）

```
中国农业银行转账支票存根
支票号码：51255229
科　目　_____
对方科目_____
出票日期 2018 年 6 月 5 日
收款人：滨海市劳动保险处
金额：15395.00
用途：付养老医疗保险
单位主管：XX　　会计：XX
```

3. 非货币性职工薪酬的分配与发放

（3-1）

职工福利发放表

日期：2018 年 06 月 30 日

序号	部门	职工姓名	课桌	签字	备注
1	生产部门	张飒	1	略	生产课桌与课椅工人人数相同
2		略	1		
略			1		
小计			80		
11	管理部门		1		课桌产品市价120元/张，成本100元/张
12			1		
略			1		
100		略	1		
小计			20		
合计			100		

（3-2）

滨海市羊口家具有限公司产品出库单
2018 年 6 月 30 日

仓库：成品 1#库　　　　　　　　　　　　　　　　　　　出库单编号：25694

编号	类别	材料名称	单位	数量	出库部门	用途
01	产品	课桌	张	100	人力资源部	发放职工福利
	合计					

部门负责人：XX　　取货人：XX　　发货部门核准人：XX　　保管员：XX

4. 职工薪酬的分配与发放

（4-1）

滨海市羊口家具有限公司工资结算分配汇总表
2018 年 6 月 30 日

部门人员类别		应付工资	住房公积金	社会保险费	应付福利费
部门名称	人员类别				
生产车间	课桌工人	12,000.00	2,400.00	840.00	1,680.00
	课椅工人	8,000.00	1,600.00	560.00	1,120.00
	管理人员	17,000.00	3,400.00	1,190.00	2,380.00
行政管理部门	管理人员	5,500.00	1,100.00	385.00	770.00
销售部门	销售人员	6,000.00	1,200.00	420.00	840.00
合　　　计		48,500.00	9,700.00	3,395.00	6,790.00

人力资源部负责人：XX　　　　　　　　　　　　　　　　制表：XX

（4-2）

2018 年 6 月份工资结算发放明细表

单位：滨海市羊口家具有限公司　　　2018 年 6 月 30 日　　　　单位：元

序号	姓名	工龄	基本工资	考核奖	加班工资	应扣工资		应付工资	代扣款项				实发工资
						事假	病假		工会经费	养老费	住房公积金	社会保险费	个人所得税	
1	李云	10	2600	300	100	略	略	略	略	略	100.00	50.00	略	2,850.00
略														
	合计	略	略	略	略	略	略	48,500.00		2,500.00	3,000.00	1,700.00		41,300.00

人力资源部负责人：XX　　　　　　　　　　　　　　　　制表：XX

（4-3）

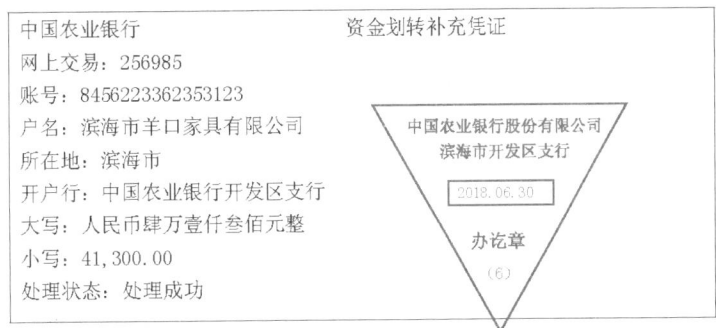
中国农业银行资金划转补充凭证

（二）教学目标

1. 能熟悉职工薪酬核算的内容。
2. 能进行职工薪酬日常经济业务核算。
3. 能熟练填制记账凭证、登记账簿。

（三）教学资源

1. 教师准备：多媒体PPT课件、滨海市羊口家具有限公司2018年6月份职工薪酬相关业务原始单据、记账凭证、账簿、学生工作页、任务操作单
2. 学生自带工具：财会专用笔、计算器、直尺、私章

（四）教学组织

将学生分为6人一组，每小组设两人为组长：一人为成绩优异者，负责理论学习，并辅导其他同学；另一人为组织能力、动手能力见长者，负责任务分工、组织实训操作。在完成职工薪酬岗位会计核算的同时，组内成员轮流担任出纳、会计、主管等角色来完成记账凭证的填制、账簿的登记，由组长对任务及人员进行策划分工，各成员分别承担各自任务。利用PPT多媒体教学课件，展现课程任务；根据课程任务，组织小组讨论，采用教师引领、学生抢答的方式；最后，完成记账凭证的填制、账簿的登记、工作页的填写。

（五）教学过程

阶段	项目教学过程		学生学的活动	教师教的活动
1	项目引入	项目描述	1. 熟悉职工薪酬核算的内容 2. 完成职工薪酬的分配与发放、非货币性职工薪酬的分配与发放、个人所得税和社会保险费的计提与缴纳的核算	1. 展示滨海市羊口家具有限公司2018年6月份的有关职工薪酬的日常经济业务 2. 职工薪酬是指企业为获得职工提供服务而给予的各种形式的报酬，是企业合算的重要内容

续表

阶段	项目教学过程		学生学的活动	教师教的活动
1	项目引入	知识准备	熟悉职工薪酬的核算内容	讲解职工薪酬的核算内容
2	项目实施	步骤1 缴纳个人所得税和社会保险费	1. 根据滨海市羊口家具有限公司日常经济业务，组内讨论个人所得税及社会保险费的核算，编制会计分录 2. 分角色完成记账凭证的填制、签字及审核工作	1. 展示2018年6月份滨海市羊口家具有限公司原始单据 2. 讲解核算方法及注意事项 3. 巡查指导学生，对学生提出的疑问及时给予解答指导 4. 讲解记账凭证的填制要求及注意事项
		步骤2 非货币性薪酬的分配与发放	1. 根据滨海市羊口家具有限公司日常经济业务，组内讨论非货币性福利的核算，编制会计分录 2. 分角色完成记账凭证的填制、签字及审核工作	1. 展示2018年6月份滨海市羊口家具有限公司有关非货币性职工福利的原始单据 2. 讲解视同销售下收入确认、成本结转的核算方法及注意事项 3. 巡查指导学生，对学生提出的疑问及时给予解答指导
		步骤3 职工薪酬的分配与发放	1. 根据滨海市羊口家具有限公司日常经济业务，组内讨论职工薪酬的核算编制会计分录 2. 分角色完成记账凭证的填制、签字及审核工作	1. 提供2018年6月份滨海市羊口家具有限公司有关职工薪酬的分配与发放的原始单据 2. 讲解代扣个人所得税、代垫费用的核算 3. 巡查指导学生，对学生提出的疑问及时给予解答指导
3	项目总结	项目展示与总体评价	1. 小组展示职工薪酬核算的学生工作页、记账凭证和账簿 2. 通过对他人最终成果的优点与不足的评价，提高自己对质量的理解	1. 组织学生展示各组或各人的最终成果 2. 组织学生对最终成果进行互评，让学生通过发现他人的问题提高学生自己对质量的理解

续表

阶段	项目教学过程	学生学的活动	教师教的活动
3	项目总结 项目学习小结	积极归纳通过职工薪酬的核算所取得的学习成果	引导学生自我归纳通过职工薪酬的核算所获得的新知识

（六）技能考核

序号	技能	评判结果	
		是	否
1	能辨析职工薪酬的核算内容		
2	能正确填制记账凭证		
3	能准确完整地登记账簿		

二、任务操作单

任务操作单

专业名称　　会计电算化　　　　　　课程名称　　企业财务会计

工作任务：职工薪酬的核算

	步骤	操作方法与说明	核算流程	备注
1	缴纳个人所得税和社会保险费	1. 缴纳个人所得税通过"应交税费"核算 2. 缴纳社会保险费通过"应付职工薪酬"核算	借：应交税费——应交个人所得税 　　贷：银行存款 借：应付职工薪酬——社会保险费 　　贷：银行存款	P—M

续表

步骤		操作方法与说明	核算流程	备注
2	非货币性职工薪酬的分配与发放	1. 非货币性职工薪酬的分配按照人员类别进行：生产人员记入"生产成本"；车间管理人员记入"制造费用"；企业管理销售人员分别记入"管理费用"和"销售费用" 2. 企业发放非货币性职工福利要视同销售缴纳增值税，确认"主营业务收入"，结转"主营业务成本"	1. 决定发放时（分配） 借：生产成本 　　制造费用 　　管理费用 　　销售费用 　　贷：应付职工薪酬——非货币性福利 2. 实际发放时 借：应付职工薪酬——非货币性福利 　　贷：主营业务收入 　　　　应交税费——应交增值税 　　　　　（销项税额） 3. 结转成本时 借：主营业务成本 　　贷：库存商品	P-M
3	职工薪酬的分配与发放	1. 职工薪酬的分配按照人员类别进行，如生产人员记入"生产成本"等 2. 按照人员类别计提需要企业负担的住房公积金、社会保险费、职工福利费，在"应付职工薪酬"中核算 3. 发放职工薪酬时由个人负担的养老金、医疗保险、个人所得税等需要从职工薪酬中扣除	1. 分配工资 借：生产成本 　　制造费用 　　管理费用 　　销售费用 　　贷：应付职工薪酬——工资 2. 计提住房公积金、社会保险费、职工福利费 借：生产成本 　　制造费用 　　管理费用 　　销售费用 　　贷：应付职工薪酬——住房公积金 　　　　　　　　——社会保险费 　　　　　　　　——职工福利费 3. 发放工资 借：应付职工薪酬——工资 　　贷：银行存款 　　　　应付职工薪酬——住房公积金 　　　　　　　　——社会保险费 　　　　应交税费——应交个人所得税	P-M

三、学生工作页

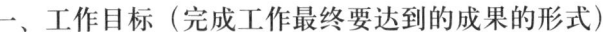

学生工作页
任务名称：职工薪酬的核算
一、工作目标（完成工作最终要达到的成果的形式） 　　1. 职工薪酬包括的内容。 　　2. 编制职工薪酬的会计分录。 　　3. 填制记账凭证，登记账簿。
二、工作实施（过程步骤、技术参数、要领等） 　　1. 职工薪酬包括的内容。   　　2. 编制缴纳个人所得税和社会保险费的会计分录。   　　3. 编制非货币性职工薪酬的分配与发放的会计分录。   　　4. 编制职工薪酬的分配与发放的会计分录。   　　5. 填制记账凭证，登记账簿。

续表

三、工作反思（检验评价、总结拓展等）

华盛公司为增值税一般纳税人，共有职工人数为300人，其中生产工人210人、车间管理人员30人、行政人员40人、销售人员20人。2018年3月发生下列经济业务：

（1）根据工资结算汇总表结算，本月应付工资总额550 000元，代垫职工家属医药费30 000元，代扣个人所得税20 000元，实发工资500 000元，采用银行代发工资方式。

（2）根据工资薪酬分配汇总表列示：产品生产工人的工资为380 000元，车间管理人员的工资为60 000元，单位行政人员工资为70 000元，销售人员的工资为40 000元。

（3）按照国家规定的标准应计提交纳的各种社会保险费，共计110 000元，其中生产工人为76 000元，车间管理人员为12 000元，行政人员为14 000元，销售人员为8 000元，用银行存款如实上缴。

（4）公司按照工人人数以福利的形式发放本公司生产的某产品300件，该产品单位生产成本80元，市场销售价150元，增值税税率16%。

要求：根据以上资料，做出有关会计分录。

项目七　纳税岗位会计核算

> **项目描述**
>
> 以滨海市羊口家具有限公司2018年6月份的日常经济业务为背景，完成企业增值税、消费税、所得税的核算。

任务一　应交增值税的核算

一、教学设计

（一）任务描述

根据滨海市羊口家具有限公司2018年6月份有关税费的相关业务，完成企业增值税的计算以及账务处理，填制记账凭证，登记账簿。

1. 一般纳税人进项税额的核算

（1-1）

山东省增值税专用发票　　　　　　　NO 069695

抵扣联

开票日期：2018 年 6 月 5 日

购货单位	名　称：	滨海市羊口家具有限公司	密码区	3〇30-2+8+9<+6-1+882<	加密版本号
	纳税人识别号：	210019994321016		4>+5960/4326779-/-+/9>	72
	地址、电话：	高新区潍北路601号　1234567		7<11/5<1++/22028*44/0	2256036931
	开户行及账号：	农行　8456223362353123		8>5<22->>2*09/>>31	0758734

货物或应税劳务名称	规格型号	单位	数量	单价	金额	税率	税额
多层胶合板	1575mm×1380mm	张	20	200.00	4,000.00	16%	640.00
胶合板	1200mm×780mm	张	20	40.00	800.00	16%	128.00
合　计					4,800.00		768.00

价税合计（大写）	人民币伍仟伍佰陆拾捌元整	（小写）￥5,568.00

销售单位	名　称：	青岛市富华木材有限公司	备注
	纳税人识别号：	2025493276528	
	地址、电话：	青岛市李沧区东升路35号	
	开户行及账号：	青岛市农业银行 8456223362353189	

收款人：XX　　复核：XX　　开票人：XX　　销货单位（章）

（1-2）

山东省增值税专用发票

NO 069695

发票联

开票日期：2018 年 6 月 5 日

购货单位	名　称：	滨海市羊口家具有限公司				密码区	3<>30-2+8+9<+6-1+882<	加密版本号
	纳税人识别号：	210019994321016					4>+5960/4326779-/-+/9>	72
	地址、电话：	高新区潍北路601号　1234567					7<11/5<1++/22028*44/0	2256036931
	开户行及账号：	农行　8456223362353123					8>5<22->2*09/>>31	0758734
货物或应税劳务名称	规格型号	单位	数量	单价	金额	税率	税额
多层胶合板	1575mm×1380mm	张	20	200.00	4,000.00	16%	640.00
胶合板	1200mm×780mm	张	20	40.00	800.00	16%	128.00
合　　计					4,800.00		768.00
价税合计（大写）	人民币伍仟伍佰陆拾捌元整					（小写）¥5,568.00	
销售单位	名　称：	青岛市富华木材有限公司				备注		
	纳税人识别号：	2025493276528						
	地址、电话：	青岛市李沧区东升路35号						
	开户行及账号：	青岛市农业银行　8456223362353189						
收款人：XX		复核：XX		开票人：XX		销货单位（章）		

第三联　发票联　购货方记账凭证

2．一般纳税人进项税额转出的核算

（1-1）

职工福利发放表

日期：2018年　06月　30日

序号	部门	职工姓名	A产品	签字	备注
1	生产部门	张飒	1	略	A材料采购成本为
2		略	1		300元/件
略			1		
小计			80		
11	管理部门		1		
12			1		
略			1		
100		略	1		
小计			20		
合计			100		

(2-2)

滨海市羊口家具有限公司产品出库单

2018 年 6 月 30 日

仓库：材料1#库　　　　　　　　　　　　　　　　　出库单编号：58954

编号	类别	材料名称	单位	数量	出库部门	用途
201809	原材料	A 材料	件	100	人力资源部	发放职工福利
合计						

部门负责人：XX　　　取货人：XX　　　发货部门核准人：XX　　　保管员：XX

3. 一般纳税人销项税额的核算

山东省增值税专用发票　　　NO 06958843

此联不得报销、扣税凭证使用

开票日期：2018 年 6 月 11 日

购货单位	名　　称：	盛达公司				密码区	3〈〉30-2+8+9〈+6-1+874〈	加密版本号
	纳税人识别号：	3100198843212456					4〉+5960/4326776-/-+/9〉	72
	地　址、电话：	潍坊市东风大街20号					7〈11/5〈1++/22028*56/0	2256036931
	开户行及账号：	建行　1200223362334987					8〉5〈22-〉〉2*09/〉〉31	0758734
货物或应税劳务名称	规格型号	单位	数量	单价	金额		税率	税额
课桌		张	200	120.00	24,000.00		16%	3,840.00
课椅		把	200	60.00	12,000.00			1,920.00
合　　计					36,000.00			5,760.00
价税合计（大写）	人民币肆万壹仟柒佰陆拾元整						（小写）￥41,760.00	
销售单位	名　　称：	滨海市羊口家具有限公司				备注		
	纳税人识别号：	210019994321016						
	地　址、电话：	高新区潍北路601号　1234567						
	开户行及账号：	中国农业银行开发区支行　8456223362353123						

收款人：XX　　　复核：XX　　　开票人：XX　　　销货单位（章）

4. 小规模纳税人增值税的核算

山东省增值税普通发票　　　NO 0695555

此联不作报销、扣税凭证使用

开票日期：2018 年 6 月 11 日

购货单位	名　　　称：	盛达公司		密码区	3◇30-2+8+9◇+6-1+812◇	加密版本号
	纳税人识别号：	3100198843212456			4>+5960/4326776-/-+/9>	72
	地址、电话：	潍坊市东风大街20号			7<11/5<1++/22028*44/0	2256036931
	开户行及账号：	建行　1200223362334987			8>5<22->>2*09/>>27	0758734

货物或应税劳务名称	规格型号	单位	数量	单价	金额	税率	税额
课桌		张	200	120.00	24,000.00	3%	720.00
合　　计					24,000.00		720.00

价税合计（大写）	人民币贰万肆仟柒佰贰拾元整		（小写）¥24,720.00

销售单位	名　　　称：	滨海市羊口家具有限公司	备注	
	纳税人识别号：	210019994321016		
	地址、电话：	高新区潍北路601号　1234567		
	开户行及账号：	中国农业银行开发区支行　8456223362353123		

收款人：XX　　　复核：XX　　　开票人：XX　　　销货单位（章）

第一联　记账联　销货方记账凭证

5.

增值税计算表

2018年6月30日

项目	本月销项税	本月进项税额转出	本月进项税	本月增值税	已交本月增值税	未交本月增值税
应交增值税						
合计						

6. 小规模纳税人

山东省增值税普通发票

NO 069695

此联不作报销、扣税凭证使用

开票日期：2018 年 6 月 11 日

购货单位	名　　称：	盛达公司			密码区	3<>30-2+8+9<+6-1+882< 4>+5960/4326776-/-+/9> 7<11/5<1++/22028*44/0 8>5<22->>2+09/>>31	加密版本号 72 2256036931 0758734
	纳税人识别号：	3100198843212456					
	地址、电话：	潍坊市东风大街20号					
	开户行及账号：	建行　1200223362334887					

货物或应税劳务名称	规格型号	单位	数量	单价	金额	税率	税额
课桌		张	200	120.00	24,000.00	3%	720.00
合　　计					24,000.00		720.00

价税合计（大写）	人民币贰万肆仟柒佰贰拾元整	（小写）¥24,720.00

销售单位	名　　称：	滨海市羊口家具有限公司	备注
	纳税人识别号：	210019994321016	
	地址、电话：	高新区潍北路601号　1234567	
	开户行及账号：	中国农业银行开发区支行　8456223362353123	

收款人：XX　　　复核：XX　　　开票人：XX　　　发票销售单位（章）

（二）教学目标

1. 能熟悉增值税的概念、特点及分类。

2. 能计算一般纳税人和小规模纳税人的增值税并进行会计处理。

3. 能熟练填制记账凭证、登记账簿。

（三）教学资源

1. 教师准备：多媒体PPT课件、滨海市羊口家具有限公司2018年6月份应交增值税相关业务原始单据、记账凭证、账簿、学生工作页、任务操作单

2. 学生自带工具：财会专用笔、计算器、直尺、私章

（四）教学组织

将学生分为6人一组，每小组设两人为组长：一人为成绩优异者，负责理论学习，并辅导其他同学；另一人为组织能力、动手能力见长者，负责任务分工、组织实训操作。在完成纳税岗位会计核算的同时，组内成员轮流担任出纳、会计、主管等角色来完成记账凭证的填制、账簿的登记，由组长对任务及人员进行策划分工，各成员分别承担各自任务。利用PPT多媒体教学课件，展现课程任务；根据课程任务，组织小组讨论，采用教师引领、学生抢答的方式；最后，完成记账凭证的填制、账簿的登记、工作页的填写。

（五）教学过程

阶段	项目教学过程		学生学的活动	教师教的活动
1	项目引入	项目描述	1. 熟悉增值税的概念、特点及分类 2. 完成增值税的计算并进行日常账务核算	1. 展示2018年6月份滨海市羊口家具有限公司有增值税的原始单据 2. 展示任务。本任务是理解应交增值税概念、特点及分类，重点掌握应交增值税计算以及核算方法
		知识准备	增值税的概念、特点及分类，一般纳税人和小规模纳税人的区别	讲解增值税的概念、特点及分类，纳税人的分类标准
2	项目实施	步骤1 一般纳税人增值税的核算	1. 辨析原始单据，组内讨论一般纳税人增值税的计算 2. 知识梳理，明确本节任务；组内讨论，完成一般纳税人应交增值税的核算	1. 展示2018年6月份滨海市羊口家具有限公司一般纳税人增值税原始单据 2. 讲解一般纳税人增值税的计算公式及账务处理 3. 巡查指导学生，对学生提出的疑问及时给予解答指导 4. 订正会计分录，进行小组评价
		步骤2 小规模纳税人增值税的核算	1. 辨析原始单据，组内讨论小规模纳税人增值税的计算 2. 知识梳理，区分不同纳税人增值税的计算，明确本节任务；组内讨论，完成小规模纳税人应交增值税的核算	1. 展示2018年6月份滨海市羊口家具有限公司小规模纳税人增值税原始单据 2. 讲解小规模纳税人增值税的计算公式及账务处理 3. 巡查指导学生，对学生提出的疑问及时给予解答指导 4. 订正会计分录，进行小组评价
		步骤3 填制记账凭证，登记账簿	1. 根据准确无误的会计分录，分角色完成记账凭证的填制、签字及审核工作 2. 根据审核无误的记账凭证登记明细账	1. 强调记账凭证的填制要求及注意事项：摘要简明、日期正确、编号准确 2. 强调账簿登记时凭证的选择，日期、摘要、编号、金额要准确

续表

阶段	项目教学过程	学生学的活动	教师教的活动
3	项目展示与总体评价	1. 小组展示应交增值税核算的学生工作页、记账凭证、账簿 2. 通过对他人最终成果的优点与不足的评价，提高自己对质量的理解	1. 组织学生展示各组或各人的最终成果 2. 组织学生对最终成果进行互评，让学生通过发现他人的问题提高学生自己对质量的理解
项目总结	项目学习小结	积极归纳通过应交税费核算所取得的学习成果	引导学生自我归纳通过应交税费核算所获得的新知识

（六）技能考核

序号	技能	评判结果	
		是	否
1	能准确计算一般纳税人和小规模纳税人增值税额		
2	能正确填制记账凭证		
3	能准确完整登记账簿		

二、任务操作单

任务操作单

专业名称 会计电算化　　　　**课程名称** 企业财务会计

工作任务：应交增值税的核算

注意事项：

步骤		操作方法与说明	核算流程	备注
1	一般纳税人进项税额的核算	1. 外购材料的金额计入"原材料" 2. 如果有抵扣联税额计入"应交税费"，没有抵扣联税额计入"原材料"	借：原材料 　　应交税费—应交增值税 　　（进项税额） 贷：银行存款 　　应付账款	P-E

续表

步骤		操作方法与说明	核算流程	备注
2	一般纳税人进项税额转出的核算	企业将原材料用于发放职工福利，采购时原抵扣的进项税额将不能继续抵扣，需要进项税额转出	借：应付职工薪酬——非货币性福利 　　贷：原材料 　　　　应交税费——应交增值税 　　　　（进项税额转出）	P-M
3	一般纳税人销项税额的核算	企业销售产品不论是否开具增值税专用发票都需要缴纳增值税	借：银行存款 　　应收账款 　　贷：主营业务收入 　　　　应交税费——应交增值税 　　　　（销项税额）	P-M
4	视同销售	1. 增值税销项税额=组成计税价格×16% 2. 组成计税价格=成本×（1+成本利润率） 3. 自产产品用于职工福利需要确认收入、结转成本、缴纳增值税	借：应付职工薪酬——职工福利 　　贷：主营业务收入 　　　　应交税费——应交增税 　　　　（销项税额） 借：主营业务成本 　　贷：库存商品	P-D
5	小规模纳税人增值税的核算	小规模纳税人按照销售收入（不含税）的3%计算缴纳增值税	借：银行存款 　　应收账款 　　贷：主营业务收入 　　　　应交税费——应交增值税	P-M

三、学生工作页

学生工作页

任务名称： 应交增值税的核算

一、工作目标（完成工作最终要达到的成果的形式）

1. 熟悉增值税核算的内容。
2. 掌握一般纳税人和小规模纳税人增值税的计算公式。
3. 编制应交增值税的会计分录。
4. 填制记账凭证，登记账簿。

续表

二、工作实施（过程步骤、技术参数、要领等）

1. 编制一般纳税人进项税额的会计分录。

2. 编制一般纳税人进项税额转出的会计分录。

3. 编制一般纳税人销项税额的会计分录。

4. 编制小规模纳税人增值税的会计分录。

5. 填制记账凭证，登记账簿。

三、工作反思（检验评价、总结拓展等）

德仁空调企业是增值税一般纳税人，2018年6月发生以下业务：

（1）5日，销售300台空调给甲公司，专用发票注明单价为3 600元，该企业为销售空调以银行存款支付运费2 000元，取得运费专用发票，价税款收存银行

（2）12日，将新购进的200袋糖果发给职工作为福利，每袋糖果进货单价为80元。

（3）15日，购进A材料960件，专用发票注明单价为300元，其中60件不合格，货物退回。开出红字发票，价税款未付。

（4）21日，企业支付给某广告公司产品宣传费，取得专用发票。专用发票注明：宣传费50 000元，税率6%。

（5）23日，向农业生产者购进农产品一批，买价30 000元。

（6）25日，企业上缴增值税150 000元。

要求：根据以上资料，计算企业本月应交未交或多交增值税并做出有关会计分录。

任务二　应交消费税的核算

一、教学设计

（一）任务描述

根据滨海市羊口家具有限公司2018年6月份有关税费的相关业务，完成企业消费税的计算以及账务处理，填制记账凭证，登记账簿。

1. 销售应税消费品

山东省增值税专用发票　　NO 06958743

此联不作报销、扣税凭证使用

开票日期：2018 年 6 月 11 日

购货单位	名　　称	阳光公司				密码区	3◇30-2+8+9<+6-1+874<
	纳税人识别号	3100198843212456					4)+5960/4326776-/-+/9)
	地址、电话	潍坊市东风大街51号					7<11/5<1++/22028*52/0
	开户行及账号	建行　1200223362334987					8>5<22->>2*09/>>17

加密版本号　72
2256036931
0758734

货物或应税劳务名称	规格型号	单位	数量	单价	金额	税率	税额
实木地板		吨	1	12,000.00	12,000.00	16%	1,920.00
合　　　计					12,000.00		1,920.00

价税合计（大写）	人民币壹万叁仟玖佰贰拾元整		（小写）￥13,920.00

销售单位	名　　称	滨海市羊口家具有限公司	备注
	纳税人识别号	210019994321016	
	地址、电话	高新区潍北路601号　1234567	
	开户行及账号	中国农业银行开发区支行　8456223362353123	

收款人：XX　　　复核：XX　　　开票人：XX

2. 委托加工收回的应税消费品

（2-1）

统一收款收据

发票联

山东省
2018 年 06 月 12 日

缴款单位	滨海市羊口家具有限公司		
款项内容	代扣代缴消费税	收款方式	转账
人民币（大写）	叁仟元整	￥3,000.00	
备注：	收款单位盖章	收款人	

（2-2）

中国农业银行转账支票存根
支票号码：5125526
科　　目 _____
对方科目 _____
出票日期 2018 年 06 月 12 日
收款人：青岛市富华木材有限公司
金额：3000.00
用途：支付消费税
单位主管：XX　　会计：XX

（2-3）

滨海市羊口家具有限公司委托加工物资验收单

委托单位：青岛市富华木材有限公司　　　　　　类别：委托加工商品
仓　　库：2 成品库　　　　　　　　　　　　　2018 年 6 月 12 日

编号	委托加工物资	单位	数量		实际成本				单位成本
			应收	实收	发出材料费	加工费	运费	合计	
01	实木地板	吨	3	3	20,000.00	70,000.00	1,000.00	91,000.00	9,100.00
	合计		3	3	20,000.00	70,000.00	1,000.00	91,000.00	9,100.00
备注					验收人盖章			合计	

会计：XX　　复核：XX　　记账：XX　　收料：XX　　制单：XX
备注：收回后实木地板为完工产品，直接用于销售。
　　　（收回后实木地板为半产品，用于连续加工应税消费品。）

3. 自产自用应税消费品

滨海市羊口家具有限公司产品出库单
2018 年 6 月 21 日

仓库：成品 2 库　　　　　　　　　　　　　　出库单编号：52784

编号	类别	材料名称	单位	数量	单价	金额	单位成本	总成本	用途
01	产品	实木地板		1	9,100.00	9,100.00	9,100.00	9,100.00	在建工程领用
	合计			1	9,100.00	9,100.00	9,100.00	9,100.00	

销售部门负责人：XX　　取货人：XX　　发货部门核准人：XX　　保管员：XX

（二）教学目标

1. 能熟悉消费税的概念、特点及税目税率。
2. 能计算消费税税额并进行账务处理。
3. 能正确填制记账凭证、登记账簿。

（三）教学资源

1. 教师准备：多媒体PPT课件、滨海市羊口家具有限公司2018年6月份应交消费税相关业务原始单据、记账凭证、账簿、学生工作页、任务操作单。

2. 学生自带工具：财会专用笔、计算器、直尺、私章。

（四）教学组织

将学生分为6人一组，每小组设两人为组长：一人为成绩优异者，负责理论学习，并辅导其他同学；另一人以组织能力、动手能力见长者，负责任务分工、组织实训操作。在完成纳税岗位会计核算的同时，组内成员轮流担任出纳、会计、主管等角色来完成记账凭证的填制、账簿的登记，由组长对任务及人员进行策划分工，各成员分别承担各自任务。利用PPT多媒体教学课件，展现课程任务；根据课程任务，组织小组讨论，采用教师引领、学生抢答的方式；最后，完成记账凭证的填制、账簿的登记、工作页的填写。

（五）教学过程

阶段	项目教学过程		学生学的活动	教师教的活动
1	项目引入	项目描述	1. 熟悉消费税的概念、特点及税目税率 2. 合理计算消费税税额并进行账务处理	1. 展示2018年6月份滨海市羊口家具有限公司消费税的业务凭证 2. 展示任务。本任务是熟悉消费税的概念、特点及税目税率，重点是掌握消费税税额的计算及账务处理
		知识准备	熟悉消费税的概念、特点及税目税率	讲解消费税的概念、特点及税目税率
2	项目实施	步骤1 计算消费税税额	1. 理解从价定率、从量定额、复合计征3种消费税税额的计算方法 2. 根据提供的原始单据计算增值税税额	1. 讲解消费税税额的3种计算方法及计算公式 2. 巡查指导学生，对学生提出的疑问及时给予解答指导

续表

阶段	项目教学过程	学生学的活动	教师教的活动
2	项目实施	步骤2 编制应交消费税的会计分录	1. 辨析原始单据,组内讨论企业缴纳消费税的情况 2. 知识梳理,区分一般销售、委托加工、视同销售下消费税的计算,明确本节任务 3. 小组讨论,编制缴纳消费税的会计分录	1. 展示2018年6月份滨海市羊口家具有限公司有关消费税核算的原始单据 2. 讲解缴纳消费税的情况 3. 讲解不同情况下企业缴纳消费税的账务处理 4. 巡查指导学生,对学生提出的疑问及时给予解答指导 5. 订正会计分录,进行小组评价
		步骤3 填制记账凭证、登记账簿	1. 根据准确无误的会计分录,分角色完成记账凭证的填制、签字及审核工作 2. 根据审核无误的记账凭证登记明细账	1. 强调记账凭证的填制要求及注意事项:摘要简明、日期正确、编号准确 2. 强调账簿登记时凭证的选择,日期、摘要、编号、金额要准确
3	项目总结	项目展示与总体评价	1. 小组展示应交消费税核算的学生工作页、任务操作单 2. 通过对他人最终成果的优点与不足的评价,提高自己对质量的理解	1. 组织学生展示各组或各人的最终成果 2. 组织学生对最终成果进行互评,让学生通过发现他人的问题提高学生自己对质量的理解
		项目学习小结	积极归纳通过应交消费税核算所取得的学习成果	引导学生自我归纳通过应交消费税核算所获得的新知识

(六)技能考核

序号	技能	评判结果	
		是	否
1	能准确计算组成计税价格、消费税、增值税		
2	能正确填制记账凭证		
3	能准确完整登记账簿		

二、任务操作单

<table>
<tr><td colspan="5" align="center">任务操作单</td></tr>
<tr><td colspan="2">专业名称   会计电算化</td><td colspan="3">课程名称   企业财务会计</td></tr>
<tr><td colspan="5">工作任务：应交消费税的核算</td></tr>
<tr><td colspan="5">注意事项：自产产品用于在建工程、捐赠，不确认收入；用于对外投资、发放职工福利，确认收入。</td></tr>
<tr><td>步骤</td><td colspan="2">操作方法与说明</td><td>核算流程</td><td>备注</td></tr>
<tr><td>1</td><td colspan="2">一般销售</td><td>应交纳的消费税税额=需要交纳消费税的产品销售收入×适用税率</td><td>借：税金及附加
    贷：应交税费——应交消费税</td><td>P-M</td></tr>
<tr><td>2</td><td colspan="2">委托加工</td><td>1. 应纳税额=组成计税价格×适用税率
2. 组成计税价格=（材料成本+加工费）/（1-消费税税率）</td><td>1. 收回后直接对外销售
借：委托加工物资
    贷：银行存款
2. 收回后继续生产应税消费品
借：应交税费——应交消费税
    贷：银行存款</td><td>P-D</td></tr>
<tr><td>3</td><td colspan="2">视同销售</td><td>1. 增值税销项税额=组成计税价格×16%
2. 消费税额=组成计税价格×适用税率
3. 组成计税价格=（成本+利润）/（1-消费税税率）
4. 自产产品用于职工福利需要确认收入、结转成本、计算消费税</td><td>1. 用于在建工程
借：在建工程
    贷：库存商品
        应交税费——应交消费税
2. 用于集体福利
借：应付职工薪酬——职工福利
    贷：主营业务收入
        应交税费——应交增值税（销项税额）
借：主营业务成本
    贷：库存商品
借：税金及附加
    贷：应交税费——应交消费税</td><td>P-D</td></tr>
<tr><td>4</td><td colspan="2">缴纳消费税</td><td>应交税费减少，计入借方</td><td>借：应交税费——应交消费税
    贷：银行存款</td><td>P-E</td></tr>
</table>

三、学生工作页

学生工作页
任务名称： 应交增值税的核算
一、工作目标（完成工作最终要达到的成果的形式）
1. 编制消费税核算的会计分录。   2. 填制记账凭证，登记账簿。
二、工作实施（过程步骤、技术参数、要领等）

1. 编制销售应税消费品的会计分录。
 	
  2. 编制委托加工应税消费品的会计分录。
 	
  3. 编制自产自用应税消费品的会计分录。
 	
  4. 编制缴纳消费税的会计分录。
 	
  5. 填制记账凭证，登记账簿。

三、工作反思（检验评价、总结拓展等）

博辉公司为一般纳税人，采用实际成本核算，5月初"应交税费——未交增值税"借方余额为3 000元。5月份发生下列经济业务：

（1）5月1日，企业向南方公司购入A材料，增值税专用发票上注明的价款为50 000元，增值税税额为8 000元，材料验收入库，价款用银行存款支付。

（2）5月3日，企业销售应税消费品一批，价款300 000元，增值税税率为16%，消费税税率为10%，开出增值税专用发票，款项已经收到。

（3）企业将自产应税消费品甲用于发放职工非货币性福利，该批产品的成本为8 000元、计税价格为10 000元，增值税税率为16%，消费税税率为10%。

（4）购进免税的农产品一批，价款20 000元，可以按10%抵扣，农产品已验收入库，款项以银行汇票支付。

（5）将原材料用于不动产工程项目，原材料的成本为6 000元，对应的增值税税额为960元。

（6）用存款上交上月未交的增值税2 000元，上交本月增值税10 000元。

（7）计算并结转本月应交未交的增值税。

要求：根据以上业务编制相关会计分录。

任务三　应交所得税的核算

一、教学设计

（一）任务描述

根据滨海市羊口家具有限公司2018年6月份有关损益类账户的累计发生额等会计资料，完成企业所得税的计算以及账务处理，填制记账凭证，登记账簿。

滨海市羊口家具有限公司2018年6月份有关损益类账户的累计发生额见下表：

会计科目	借方发生额	贷方发生额
主营业务收入		1 250 000
其他业务收入		250 000
公允价值变动损益		28 500

续 表

会计科目	借方发生额	贷方发生额
投资收益		31 500
主营业务成本	850 000	
其他业务成本	190 000	
税金及附加	75 000	
销售费用	150 000	
管理费用	60 000	
财务费用	30 000	
资产减值损失	10 000	
营业外收入		40 000
营业外支出	35 000	
所得税费用	50 000	
合计	1 450 000	1 600 000

（营业外支出中有5 000元为税收滞纳金，投资收益中有8 000元属于国债利息收入）

（二）教学目标

1. 能熟悉损益类账户的内容及性质并进行各损益类账户的结转。
2. 能正确计算所得税额并进行所得税的会计处理。
3. 能合理进行利润分配的会计处理。
4. 能熟练填制记账凭证、登记账簿。

（三）教学资源

教师准备：多媒体PPT课件、滨海市羊口家具有限公司2018年6月份应交所得税相关业务原始单据、记账凭证、账簿、学生工作页、任务操作单

学生自带工具：财会专用笔、计算器、直尺、私章

（四）教学组织

将学生分为6人一组，每小组设两人为组长：一人为成绩优异者，负责理论学习，并辅导其他同学；另一人为组织能力、动手能力见长者，负责任务分工、组织实训操作。在完成纳税岗位会计核算的同时，组内成员轮流担任出纳、会计、主管等角色来完成记账凭证的填制、账簿的登记，由组长对任务及人员进行策划分工，各成员分别承担各自任务。利用PPT多媒体教学课件，展现课程任务；根据课程任务，组织小组

讨论，采用教师引领、学生抢答的方式；最后，完成记账凭证的填制、账簿的登记、工作页的填写。

（五）教学过程

阶段	项目教学过程		学生学的活动	教师教的活动
1	项目引入	项目描述	1. 熟悉损益类账户的内容及性质，进行各损益类账户的结转 2. 进行所得税的计算及账务处理，进行利润结转与分配的日常业务核算	1. 展示2018年6月份滨海市羊口家具有限公司期末损益类账户的累计发生额等原始单据 2. 展示任务。本任务是熟悉利润的组成内容及计算公式，重点是利润结转、应交所得税的计算及利润分配
		知识准备	熟悉损益类账户的内容及性质	讲解损益类账户的内容及性质
2	项目实施	步骤1 结转损益类账户	1. 根据滨海市羊口家具有限公司资料，熟悉损益类账户的内容 2. 听老师讲解；组内讨论哪些损益类账户计入"本年利润"的借方，哪些计入"本年利润"的贷方；编制会计分录	1. 展示2018年6月份滨海市羊口家具有限公司期末损益类账户的累计发生额等原始单据 2. 讲解"本年利润"的内容和账户性质 3. 巡视解答各小组在任务完成中存在的问题
		步骤2 计算应交所得税并进行账务处理	1. 根据所编制的会计分录计算利润总额 2. 根据资料分析纳税调整事项，计算应纳税所得额 3. 编制计算所得税及结转所得税的会计分录	1. 讲解纳税调整事项、税法允许税前扣除的费用限额 2. 讲解应纳税所得的计算公式 3. 讲解计算缴纳所得税的核算方法，巡视解决学生问题 4. 订正会计分录，进行小组评价

续表

阶段	项目教学过程	学生学的活动	教师教的活动
2	项目实施	步骤3 利润分配	1. 计算企业可供分配利润的金额 2. 小组讨论可供分配利润的分配顺序 3. 完成提取法定盈余公积、提取任意盈余公积、向股东分配利润的会计核算	1. 讲解企业可供分配利润的计算方法 2. 讲解法定盈余公积、任意盈余公积、股东利润分配的方法及会计核算 3. 巡视指导学生完成任务，解答学生疑问，严格纠正存在的错误 4. 归纳性讲解任务完成过程中存在的共性问题
3	项目总结	项目展示与总体评价	1. 小组展示应交所得税的记账凭证和账簿 2. 通过对他人最终成果的优点与不足的评价，提高自己对质量的理解	1. 组织学生展示各组或各人的最终成果 2. 组织学生对最终成果进行互评，让学生通过发现他人的问题提高学生自己对质量的理解
		项目学习小结	积极归纳通过所得税核算所取得的学习成果	引导学生自我归纳通过所得税核算所获得的新知识

（六）技能考核

序号	技能	评判结果	
		是	否
1	能准确计算所得税额		
2	能正确计算法定盈余公积和任意盈余公积		
3	能正确填制记账凭证		
4	能准确完整登记账簿		

二、任务操作单

任务操作单			
专业名称	会计电算化	课程名称	企业财务会计
工作任务：应交所得税的核算			

续表

步骤	操作方法与说明	核算流程	备注

1	结转各项损益类账户余额	为反映企业利润的形成或亏损的发生，应设置"本年利润"账户，该账户借方反应期末转入的各项成本、费用，贷方反映期末转入的各项收入。期末，如为借方余额表示企业本期发生的亏损，如为贷方余额则表示企业本期实现的利润数额	1.结转成本、费用类
			借：本年利润
			  贷：主营业务成本
			    其他业务成本
			    税金及附加
			    管理费用
			    销售费用
			    财务费用
			    营业外支出
			    所得税费用
			    资产减值损失
			2.结转收入、收益类
			借：主营业务收入
			  其他业务收入
			  营业外收入
			  投资收益
			  贷：本年利润
				P-M

2	计算缴纳应交所得税	1.当期应交所得税额=应纳税所得额×所得税税率
		2.应纳税所得额=税前会计利润+纳税调整增加额-纳税调整减少额
			借：所得税费用
			  贷：应交税费——应交所得税
			借：本年利润
			  贷：所得税费用
			借：应交税费——应交所得税
			  贷：银行存款
				P-M

3	提取法定盈余公积、任意盈余公积、向投资者分配利润	法定盈余公积按税后净利润（减弥补以前年度亏损）的10%提取	借：利润分配——提取法定盈余公积
			    ——提取任意盈余公积
			    ——应付现金股利
			  贷：盈余公积——法定盈余公积
			     ——任意盈余公积
			     ——应付股利
				P-D

三、学生工作页

学生工作页

任务名称： 应交所得税的核算

一、工作目标（完成工作最终要达到的成果的形式）

1. 结转各项损益类账户余额。
2. 计算应交所得税额并进行账务处理。
3. 编制提取法定盈余公积、任意盈余公积、向投资者分配利润的会计分录。
4. 填制记账凭证，登记账簿。

二、工作实施（过程步骤、技术参数、要领等）

1. 结转各项损益类账户余额。

2. 计算应交所得税额并进行账务处理。

3. 编制提取法定盈余公积、任意盈余公积、向投资者分配利润的会计分录。

4. 填制记账凭证，登记账簿。

三、工作反思（检验评价、总结拓展等）

衡水公司为增值税一般纳税人，2018年6月发生如下经济业务：

1. 销售A产品一批，产品销售价款为800 000元，产品销售成本为350 000元。产品已经发出，并开具了增值税专用发票，同时向银行办妥了托收手续。
2. 用银行存款支付发生的管理费用6 780元，计提坏账准备4 000元。
3. 销售产品应交的城市维护建设税为2 100元，应交的教育费附加为900元。
4. 计算应交所得税（假定甲公司不存在纳税调整因素）。
5. 结转本年利润（甲公司年末一次性结转损益类科目）。
6. 按净利润的10%和5%分别提取法定盈余公积和任意盈余公积。
7. 按净利润的40%向投资者分配应付利润。
8. 结转利润分配各明细科目。

要求：根据上述业务，编制甲公司本年度经济业务事项的会计分录（"应交税费"和"利润分配"科目要求写出明细科目）

项目八　成本费用岗位会计核算

> **项目描述**
>
> 以滨海市羊口家具有限公司2018年6月份的日常经济业务为背景，完成企业有关生产成本、制造费用、销售费用、管理费用、财务费用的核算。

任务一　生产成本归集与分配的核算

一、教学设计

（一）任务描述

根据滨海市羊口家具有限公司2018年6月份相关经济业务，完成企业有关生产成本归集与分配的核算，填制记账凭证，登记账簿。

材料耗用汇总表

2018年6月30日　　　　　　　　　字第 1257 号

使用部门	胶合板			钢板			合计金额（元）
	单位	数量	金额（元）	单位	数量	金额（元）	
课桌耗用	张	100	4,000.00	吨	3	15,000.00	19,000.00
课椅耗用	张	60	2,400.00	吨	1	5,000.00	7,400.00
车间一般耗用	张	10	400.00	吨	1	5,000.00	5,400.00
管理部门耗用	张	5	200.00				200.00
销售部门耗用	张	3	120.00				120.00
合计		178	7,120.00		5	25,000.00	32,120.00

财务负责人：XX　　　　审核：XX　　　　制表：XX

职工薪酬汇总表

2018年6月30日　　　　　　　　　字第 6 号

人员类别	工资费用	福利费用	合计
课桌生产工人	12,000.00	1,680.00	13,680.00
课椅生产工人	8,000.00	1,120.00	9,120.00
车间管理人员	5,000.00	700.00	5,700.00
管理部门人员	9,200.00	1,288.00	10,488.00
销售部门人员	8,650.00	1,211.00	9,861.00
合计	42,850.00	5,999.00	48,849.00

财务负责人：XX　　　　审核：XX　　　　制表：XX

制 造 费 用 分 配 表

2018 年 6 月 30 日

产品名称	制造费用总额	制造费用		
		分配标准（工时）	分配率	应分配金额
课桌		1540		
课椅		460		
合计		2000		

财务负责人：XX　　　　　　　　　　　　制表：XX

2018 年 6 月份产品生产成本计算表

产品名称：课桌　　完工产量：450　　在产品数量：40　　完工程度均为 50%

（数量单位：件）

成本项目	直接材料	直接人工	制造费用	合计
期初余额	1,500.00	900.00	600.00	
本月生产费用				
合计				
单位成本				
完工产品成本				
月末在产品成本				

财务负责人：XX　　　　审核：XX　　　　制表：XX

注：直接材料在开始生产时一次投入。

2018 年 6 月份产品生产成本计算表

产品名称：B 产品　　完工产量：550　　在产品 0　　（数量单位：件）

成本项目	直接材料	直接人工	制造费用	合计
期初余额	1,200.00	700.00	500.00	
本月生产费用				
合计				
单位成本				
完工产品成本				

财务负责人：XX　　　　审核：XX　　　　制表：XX

完 工 产 品 入 库 汇 总 表

2018 年 6 月 30

产品名称	规格型号	单位	数量	单价	金额	备注
课桌		件				
课椅		件				
合计						

生产车间：XXXX　　　　　　　　　　　　保管员：XXX

（二）教学目标

1. 能了解费用的概念、特征及分类。

2. 能正确进行生产成本归集与分配的会计核算。

3. 能熟练填制记账凭证、登记账簿。

（三）教学资源

1. 教师准备：多媒体PPT课件、滨海市羊口家具有限公司2018年6月份生产成本归集与分配相关业务原始单据、记账凭证、账簿、学生工作页、任务操作单

2. 学生自带工具：财会专用笔、计算器、直尺、私章

（四）教学组织

将学生分为6人一组，每小组设两人为组长：一人为成绩优异者，负责理论学习，并辅导其他同学；另一人为组织能力、动手能力见长者，负责任务分工、组织实训操作。在完成成本费用岗位会计核算的同时，组内成员轮流担任出纳、会计、主管等角色来完成记账凭证的填制、账簿的登记，由组长对任务及人员进行策划分工，各成员分别承担各自任务。利用PPT多媒体教学课件，展现课程任务；根据课程任务，组织小组讨论，采用教师引领、学生抢答的方式；最后，完成记账凭证的填制、账簿的登记、工作页的填写。

（五）教学过程

阶段	项目教学过程		学生学的活动	教师教的活动
1	项目引入	项目描述	1. 了解费用的概念、特征及分类 2. 完成直接材料、直接人工、制造费用、生产成本的归集与分配的日常业务核算	1. 展示2018年6月份滨海市羊口家具有限公司有关成本费用的相关业务 2. 成本费用核算的正确与否，直接影响企业的成本预测、计划、分析、考核和改进等控制工作，同时也对企业的成本决策和经营决策的正确与否产生重大影响
		知识准备	制造费用的分配方法，生产成本在完工产品与在产品之间分配的方法	讲解制造费用的分配率的计算，生产成本在完工产品与在产品之间分配的计算
2	项目实施	步骤1 直接材料、直接人工、制造费用分配	1. 根据滨海市羊口家具有限公司资料，组内讨论直接材料、直接人工如何分配，并编制相应的会计分录 2. 听老师讲解，按照单据中的分配标准，填制制造费用分配表 3. 根据分配表完成制造费用分配的业务核算	1. 展示2018年6月份滨海市羊口家具有限公司有关成本核算的原始单据 2. 分别讲解直接材料、直接人工分配的方法及会计核算 3. 讲解制造费用分配率的计算方法 4. 巡查指导学生，对学生提出的疑问及时给予解答指导

续表

阶段	项目教学过程		学生学的活动	教师教的活动
2	项目实施	步骤2 生产成本的归集与分配	1. 根据步骤1的资料完成生产成本的归集 2. 根据提供的原始单据，完成生产成本的分配并填制表格 3. 组内讨论；编制会计分录	1. 讲解生产成本的归集方法 2. 讲解生产成本在完工产品和在产品之间分配的方法 3. 讲解生产成本分配的会计核算 4. 订正会计分录，进行小组评价
		步骤3 填制记账凭证、登记账簿	1. 根据准确无误的会计分录，分角色完成记账凭证的填制、签字及审核工作 2. 根据审核无误的记账凭证和原始凭证登记账簿	1. 强调记账凭证的填制要求及注意事项：摘要简明、日期正确、编号准确。 2. 强调账簿登记时凭证的选择，日期、摘要、编号、金额要准确
3	项目总结	项目展示与总体评价	1. 小组展示产品成本核算的记账凭证和账簿 2. 通过对他人最终成果的优点与不足的评价，提高自己对质量的理解	1. 组织学生展示各组或各人的最终成果 2. 组织学生对最终成果进行互评，让学生通过发现他人的问题提高学生自己对质量的理解
		项目学习小结	积极归纳通过投资者投入资本核算所取得的学习成果	引导学生自我归纳通过投资者投入资本核算所获得的新知识

（六）技能考核

序号	技能	评判结果	
		是	否
1	能准确编制制造费用分配表		
2	能准确编制生产成本计算表、产品入库汇总表		
3	能正确填制记账凭证		
4	能准确完整登记账簿		

二、任务操作单

任务操作单

| 专业名称 | 会计电算化 | | 课程名称 | 企业财务会计 |

工作任务：生产成本归集与分配的核算

步骤		操作方法与说明	核算流程	备注
1	直接材料的分配	1. 直接材料的分配按照人员类别进行：生产人员记入"生产成本"，车间管理人员记入"制造费用"，企业管理销售人员分别记入"管理费用"和"销售费用"	借：生产成本——课桌 　　　　　　——课椅 　　制造费用 　　管理费用 　　销售费用 　贷：原材料	P-E
2	直接人工的分配	1. 直接人工的分配也按照人员类别进行，同上一步骤的生产人员记入"生产成本"等 2. 职工福利按照工资金额的14%进行分配	借：生产成本——课桌 　　　　　　——课椅 　　制造费用 　　管理费用 　　销售费用 　贷：应付职工薪酬——工资 　　　　　　　　——职工福利	P-M
3	制造费用的归集与分配	期末将企业制造费用归集，按照生产工人的工资、工时等进行分配	借：生产成本——课桌 　　　　　　——课椅 　贷：制造费用	P-M
4	生产成本的归集与分配	期末核算完工产品成本，将完工产品成本从"生产成本"转入"库存商品"	借：库存商品——课桌 　　　　　　——课椅 　贷：生产成本——课桌 　　　　　　——课椅	P-E

三、学生工作页

学生工作页

任务名称：生产成本归集与分配的核算

一、工作目标（完成工作最终要达到的成果的形式）
1. 编制生产成本归集与分配的会计分录。 2. 填制记账凭证，登记账簿。
二、工作实施（过程步骤、技术参数、要领等）
1. 直接材料的分配。 2. 直接人工的分配。 3. 制造费用的归集与分配。 4. 生产成本的归集与分配。 5. 填制记账凭证，登记账簿。
三、工作反思（检验评价、总结拓展等）

立方企业只有一个基本生产车间，生产甲、乙两种产品。2018年6月发生的有关甲、乙两产品的有关业务如下：

（1）以银行存款支付本月电费共计25 000元。其中，生产车间耗用为19 160元，行政管理部门耗用为5 840元。

（2）材料仓库共发出材料的实际成本为100 000元。其中，生产甲产品领用40 000元，生产乙产品领用30 000元；生产车间耗用20 000元，行政管理部门耗用10 000元。

（3）本月应付工资总额为60 000元。其中，生产甲产品工人工资30 000元，生产乙产品工人工资20 000元，车间管理人员工资6 000元，行政管理人员工资4 000元。

（4）按应付工资总额的14%计提职工福利费。

续表

（5）计提固定资产折旧30 000元。其中，生产车间18 000元，行政管理部门12 000元。

（6）本月甲产品全部完工产量2 000台，乙产品全部未完工。

要求：

（1）根据以上业务做出相应的会计分录。

（2）计算甲、乙产品应分配的制造费用（按生产工时分配。其中，甲产品生产工时为10 000小时，乙产品的生产工时为6 000小时）并进行结转。

（3）根据以上业务计算甲产品的完工产品成本，并进行结转。

任务二 期间费用的核算

一、教学设计

（一）任务描述

根据滨海市羊口家具有限公司2018年6月份相关经济业务，完成企业有关期间费用的核算，填制记账凭证，登记账簿。

（1-1）

（1-2）

```
中国农业银行银行支票存根
支票号码：57412861
科目：
对方科目：
签发日期：2018年6月4日
收款人：中国人民财产保险
金　额：7000.00
用途：保险费
备注：
复核：XX    记账：XX
```

（2-1）

山东省增值税普通发票　　NO 069575

发票联

开票日期：2018年 6月 18日

购货单位	名　称：	滨海市羊口家具有限公司			密码区	3<>30-2+8+9<+6-1+883<	加密版本号
	纳税人识别号：	210019994321016				4>+5960/4326776-/-+/9>	72
	地址、电话：	高新区潍北路601号　1234567				7<11/5<1++/22028*36/0	2256036931
	开户行及账号：	农行　8456223362353123				8>5<22->>2*09/>>31	0758734

货物或应税劳务名称	规格型号	单位	数量	单价	金额	税率	税额
广告费			1	3,000.00	3,000.00	6%	180.00
合　　　计					3,000.00	6%	180.00
价税合计（大写）	人民币叁仟壹佰捌拾元整				（小写）￥3,180.00		

销售单位	名　称：	滨海市凤凰广告公司	备注
	纳税人识别号：	21025493276599	
	地址、电话：	滨海市东风东街35号	
	开户行及账号：	滨海市农业银行四平支行　8456223362353561	

收款人：XX　　　复核：XX　　　开票人：XX

（滨海市凤凰广告公司　21025493276599　发票专用章）

第二联 发票联 购货方记账凭证

（2-2）

中国农业银行电汇凭证（回　单）

普通　加急　　　　委托日期2018年6月18日

汇款人	全　称	滨海市羊口家具有限公司	收款人	全　称	滨海市凤凰广告公司
	账　号	8456223362353123		账　号	8456223362353561
	汇出地点	山东省滨海市		汇入地点	山东省滨海市
汇出行名称		中国农业银行开发区支行	汇入行名称		滨海市农业银行四平支行

人民币（大写）	叁仟壹佰捌拾元整	百	十	万	千	百	十	元	角	分
				￥	3	1	8	0	0	0

办讫章

（6）　　支付密码

附加信息及用途：

汇出行签章

（中国农业银行股份有限公司　滨海市开发区　2018.06.18）

（2-3）

滨海市羊口家具有限公司费用报销单
2018年6月18日

部门	事由	付款金额	大写	付款方式	经办人	部门经理签批	财务处签批	总经理签批
广告宣传部	支付广告费	3,180.00	叁仟壹佰捌拾元整	电汇	**	*滨海市羊口家具有限公司* 业务专用章		
合计	人民币叁仟壹佰捌拾元整（¥3,180.00）							

（3-1）

中国农业银行转账支票存根
支票号码：57412866
科目：
对方科目：
签发日期：2018年6月22日
收款人：滨海东城全福元商厦
金　额：¥10716.00
用　途：购办公用品
备　注：
复核：XX　　记账：XX

（3-2）

山东省商品销售统一发票
发票联

发票代码　137070921581
发票号码　33943703
东城全福元商厦 2018.6.22
客户名称　滨海市羊口家具有限公司
品　　名：办公用品
金　　额：10716.00
大　　写：壹万零柒佰壹拾陆元整

开票人：9796
机　号：
票　号：21025493279648
密　码：
　　　　滨海市东城全福元商厦
　　　　发票专用章

发票代码　137070921581
发票号码　33943703
奖区

4.

客户利息入账通知

付款方户名：中国农业银行
付款方账号：
收款方开户行：
收款方户名：
收款方账号：
入账日期：20100121　　　　小写金额：CNY 35.45　　　　大写金额：（人民币）叁拾伍元肆角伍分
计息账号：02 1903
利息税率：
利息税金额：
利息期间：20091221 20100120
活期存款积数：10,645,332.88
利率：0.36000
协定存款积数：0
利率：0.0000
传票号：
日志号：308346296
打印日期：20100120　　　行号：　　打印柜员：9999　　　　　　页码：【132】

（二）教学目标

1.能熟悉销售费用、财务费用、管理费用的内容。

2.能合理进行销售费用、财务费用、管理费用的会计核算。

3.能熟练填制记账凭证、登记账簿。

（三）教学资源

1.教师准备：多媒体PPT课件、滨海市羊口家具有限公司2018年6月份期间费用相关业务原始单据、记账凭证、账簿、学生工作页、任务操作单

2.学生自带工具：财会专用笔、计算器、直尺、私章

（四）教学组织

将学生分为6人一组，每小组设两人为组长：一人为成绩优异者，负责理论学习，并辅导其他同学；另一人以组织能力、动手能力见长者，负责任务分工、组织实训操作。在完成成本费用岗位会计核算的同时，组内成员轮流担任出纳、会计、主管等角色来完成记账凭证的填制、账簿的登记，由组长对任务及人员进行策划分工，各成员分别承担各自任务。利用PPT多媒体教学课件，展现课程任务；根据课程任务，组织小组讨论，采用教师引领、学生抢答的方式；最后，完成记账凭证的填制、账簿的登记、工作页的填写。

（五）教学过程

阶段	项目教学过程	学生学的活动	教师教的活动
1 项目引入	项目描述	1. 熟悉销售费用、财务费用、管理费用的内容 2. 进行销售费用、财务费用、管理费用的日常业务核算	1. 展示滨海市羊口家具有限公司2018年6月份日常经济业务的会计资料 2. 展示任务。本任务是熟悉销售费用、财务费用、管理费用的内容，重点是期间费用的归集与结转
	知识准备	熟悉销售费用、管理费用、财务费用的核算内容	讲解销售费用、管理费用、财务费用的核算内容
2 项目实施	步骤1 期间费用的归集	1. 根据滨海市羊口家具有限公司2018年6月份日常经济业务的会计资料，组内讨论不同的费用项目应该计入哪个账户 2. 编制期间费用归集的会计分录，遇到问题提出疑问	1. 展示滨海市羊口家具有限公司2018年6月份日常经济业务原始单据 2. 讲解期间费用的账户性质及核算方法 3. 巡查指导学生，对学生提出的疑问及时给予解答指导
	步骤2 期间费用的结转	期末将期间费用结转计入"本年利润"账户	讲解期间费用期末时成本、费用类结转计入"本年利润"借方，收入、收益类结转计入"本年利润"贷方
	步骤3 填制记账凭证，登记账簿	1. 根据准确无误的会计分录，分角色完成记账凭证的填制、签字及审核工作 2. 根据审核无误的记账凭证登记明细账	1. 强调记账凭证的填制要求及注意事项：摘要简明、日期正确、编号准确 2. 强调账簿登记时凭证的选择，日期、摘要、编号、金额要准确
3 项目总结	项目展示与总体评价	1. 小组展示期间费用核算的工作页、记账凭证、账簿 2. 通过对他人最终成果的优点与不足的评价，提高自己对质量的理解	1. 组织学生展示各组或各人的最终成果 2. 组织学生对最终成果进行互评，让学生通过发现他人的问题提高学生自己对质量的理解

续表

阶段	项目教学过程	学生学的活动	教师教的活动
3	项目总结 项目学习小结	积极归纳通过成本费用核算所取得的学习成果	引导学生自我归纳通过成本费用核算所获得的新知识

（六）技能考核

序号	技能	评判结果	
		是	否
1	能正确填制记账凭证		
2	能准确完整地登记账簿		

二、学生工作页

学生工作页

任务名称： 期间费用的核算

一、工作目标（完成工作最终要达到的成果的形式）

1. 编制期间费用核算的会计分录。
2. 填制记账凭证，登记账簿。

二、工作实施（过程步骤、技术参数、要领等）

1. 编制会计分录。

2. 填制记账凭证，登记账簿。

续表

三、工作反思（检验评价、总结拓展等）

嘉华企业2017年6月发生以下经济业务：
（1）企业收到银行通知，第一季度存款利息1 000元已存入开户银行；
（2）以银行存款支付业务招待费2 500元；
（3）办理一张银行承兑汇票，现金支付手续费50元；
（4）计提专设销售机构使用固定资产的折旧400元；
（5）月末支付本季短期借款利息1 800元（前两个月已经计提）；
（6）月末以现金支付本月电话费1 000元；
（7）计提本月管理部门的社会保险费4 000元；
（8）月末结转本月管理费用50 000元、财务费用6 000元、销售费用4 000元。
要求：做出有关会计分录。

项目九　主管岗位会计核算

> **项目描述**
>
> 以滨海市羊口家具有限公司2018年6月份的总账、明细账余额，损益类账户的累计发生额为依据，完成资产负债表、利润表的编制。

任务一　资产负债表的编制

一、教学设计

（一）任务描述

以滨海市羊口家具有限公司2018年6月份已经登记完成的总账、明细账为依据，按照总账期末余额直接填列、总账期末余额分析计算填列、明细账期末余额分析计算填列、总账和明细账余额分析计算填列的方法，完成资产负债表的编制。

滨海市羊口家具有限公司2018年6月30日有关科目的年末余额如下表所示：

科目名称	借方余额	贷方余额	科目名称	借方余额	贷方余额
库存现金	75 000		短期借款		235 000
银行存款	250 000		应付票据		220 000
其他货币资金	205 000		应付账款		500 000
交易性金融资产	25 000		预收账款		20 000
应收票据	35 000		其他应付款		10 000
应收账款	400 000		应付职工薪酬		135 000
预付账款	60 000		应交税费		79 000
其他应收款	10 000		应付股利		120 000
坏账准备		5 000	长期借款		500 000
在途物资	50 000		应付债券		1 000 000

续表

科目名称	借方余额	贷方余额	科目名称	借方余额	贷方余额
原材料	200 000		实收资本		500 000
库存商品	100 000		资本公积		60 000
固定资产	2 785 000		盈余公积		256 000
累计折旧		650 000	未分配利润		125 000
在建工程	120 000				
无形资产	90 000				
长期待摊费用	10 000				

滨海市羊口家具有限公司2018年6月30日有关账户的明细资料如下：

（1）"应收账款"所属明细科目有贷方余额56 000元。

（2）"预收账款"所属明细科目有借方余额3 000元。

（3）"应付账款"所属明细科目有借方余额45 000元。

（4）"预付账款"所属明细科目有贷方余额4 000元。

（5）"坏账准备"余额中，有关应收账款的坏账准备余额为4 600元，有关其他应收款的坏账准备余额为400元。

（6）"长期股权投资"科目余额中有40 000元将于1年内到期。

（7）"长期股权投资减值准备"科目余额中没有将于1年内到期的内容。

（8）"长期待摊费用"科目余额中有100 000元将于1年内到期。

（9）"长期借款"科目余额中有100 000元将于1年内到期。

根据上述资料，编制滨海市羊口家具有限公司2018年6月30日的资产负债表，格式如下：

资产负债表　　　　　　　　会企01表

编制单位：　　　　　　　　年　月　日　　　　　　　　单位：元

资产	期末余额	年初余额	权益	期末余额	年初余额
流动资产：		（略）	流动负债：		（略）
货币资金			短期借款		
交易性金融资产			交易性金融负债		
应收票据			应付票据		

续表

资产	期末余额	年初余额	权益	期末余额	年初余额
应收账款			应付账款		
预付账款			预收账款		
			应付职工薪酬		
			应交税费		
应收利息			应付利息		
应收股利			应付股利		
其他应收款			其他应付款		
存货					
1年内到期的非流动资产			1年内到期的非流动负债		
其他流动资产			其他流动负债		
流动资产合计			流动负债合计		
非流动资产			非流动负债：		
可供出售金融资产			长期借款		
持有至到期投资			应付债券		
长期应收款			长期应付款		
长期股权投资			专项应付款		
投资性房地产			预计负债		
固定资产			递延所得税负债		
在建工程			其他非流动负债		
工程物资			非流动负债合计		
固定资产清理			负债合计		
生物性生物资产					
油气资产			所有者权益：		
无形资产			实收资本（或股本）		
开发支出			资本公积		

续表

资产	期末余额	年初余额	权益	期末余额	年初余额
商誉			减：库存股		
长期待摊费用			盈余公积		
递延所得税资产			未分配利润		
其他非流动资产			所有者权益合计		
非流动资产合计					
资产总计			负债和所有者权益总计		

（二）教学目标

1. 能了解资产负债表的概念、作用和基本结构。

2. 能理解4种资产负债表项目的编制方法。

3. 能根据期末总账、明细账余额进行资产负债表的编制。

（三）教学资源

1. 教师准备：多媒体PPT课件、滨海市羊口家具有限公司2018年6月30日有关科目的年末余额表、资产负债表、学生工作页、任务操作单

2. 学生自带工具：财会专用笔、计算器、直尺、私章

（四）教学组织

将学生分为6人一组，每小组设两人为组长：一人为成绩优异者负责理论学习，并辅导其他同学；另一人为组织能力、动手能力见长者，负责任务分工、组织实训操作。利用PPT多媒体教学课件，展现课程任务；根据课程任务，组织小组讨论，采用教师引领、学生抢答的方式；最后，完成资产负债表各项目的计算和资产负债表的编制。

（五）教学过程

阶段	项目教学过程		学生学的活动	教师教的活动
1	项目引入	项目描述	熟知资产负债表的基本内容，重点是掌握资产负债表的编制方法，难点在于根据明细账期末余额计算填列和根据总账和明细账期末余额分析计算填列	1. 展示滨海市羊口家具有限公司2018年6月30日有关科目余额表 2. 资产负债表是企业会计资料的重要组成部分，能反映企业某一特定日期的财务状况

续表

阶段	项目教学过程	学生学的活动	教师教的活动
项目引入	知识准备	了解资产负债表的概念、编制意义及基本结构	讲解资产负债表的概念、编制意义及基本结构
2 项目实施	步骤1 资产负债表各项目的计算	1. 听老师讲解各项目的编制方法，知识梳理，明确本节课任务 2. 针对问题，提出疑问 3. 组内讨论分类完成资产负债表各项目的计算	1. 展示滨海市羊口家具有限公司2018年6月30日有关科目余额表 2. 讲解4种资产负债表项目的编制方法 3. 巡查指导学生，对学生提出的疑问及时给予解答指导 4. 核对资产负债表各项目数额
	步骤2 资产负债表的编制	根据上述计算结果及科目余额表，完成资产负债表的编制	1. 评价各小组完成情况 2. 归纳性讲解任务完成过程中存在的共性问题
3 项目总结	项目展示与总体评价	1. 小组展示资产负债表 2. 通过对他人最终成果的优点与不足的评价，提高自己对质量的理解	1. 组织学生展示各组或各人的最终成果 2. 组织学生对最终成果进行互评，通过发现他人的问题提高学生对质量的理解
	项目学习小结	积极归纳通过编制资产负债表所取得的学习成果	引导学生自我归纳通过编制资产负债表所获得的新知识

（六）技能考核

序号	技能	评判结果	
		是	否
1	能准确计算资产负债表各项目		
2	能正确编制资产负债表		

二、任务操作单

任务操作单

| 专业名称 | 会计电算化 | | 课程名称 | 企业财务会计 |

工作任务：资产负债表的编制

注意事项：注意应收账款的计算，既使用总账又使用明细账期末余额分析计算填列。

	编制项目	编制方法	编制标准	备注
1.根据总账期末余额分析计算填列	1.货币资金 2.存货 3.固定资产 4.无形资产 5.未分配利润	1.货币资金="库存现金"+"银行存款"+"其他货币资金" 2.存货="原材料"+"物资采购"+"材料成本差异"+"库存商品"+"发出商品"+"周转材料"+"委托加工物资" 3.固定资产="固定资产"－"累计折旧"－"固定资产减值准备" 4.无形资产="无形资产"－"累计摊销"－"无形资产减值准备" 5.未分配利润="本年利润"+"利润分配"	根据两个或两个以上的总分类账户期末余额分析计算填列 金额单位为元，保留到小数点后两位	P-M
2.根据明细账期末余额分析计算填列	1.预付账款 2.应付账款 3.预收账款	1.预付账款="应付账款"明细账借方余额+"预付账款"明细账户借方余额 2.应付账款="应付账款"明细账贷方余额+"预付账款"明细账户贷方余额 3.预收账款="预收账款"明细账贷方余额+"应收账款"明细账户贷方余额	根据有关明细分类账户期末余额分析计算填列 金额单位为元，保留到小数点后两位	P-M

续表

	编制项目	编制方法	编制标准	备注
3.根据总账和明细账期末余额分析计算填列	1.应收账款 2.长期借款 3.应付债券	1.应收账款＝"应收账款"明细账借方余额＋"预收账款"明细账户借方余额－"坏账准备"贷方余额 2.长期借款＝"长期借款"贷方余额＋"长期借款"明细账账户余额（一年内到期） 3.应付债券＝"应付债券"贷方余额＋"应付债券"明细账账户余额（一年内到期）	根据总分类账户和明细分类账户期末余额分析计算填列 金额单位为元，保留到小数点后两位	P-M
4.总账期末余额直接填列	资产负债表剩余项目	期末总分类账户余额	根据对应的总分类账户期末余额直接填列 金额单位为元，保留到小数点后两位	P-D

三、学生工作页

学生工作页

任务名称： 资产负债表的编制

一、工作目标（完成工作最终要达到的成果的形式）

1. 分析计算资产负债表中项目。
2. 编制资产负债表。

二、工作实施（过程步骤、技术参数、要领等）

1. 计算各项目。

货币资金＝

存货＝

固定资产＝

未分配利润＝

预付账款＝

应付账款＝

续表

预收账款=

应收账款=

长期借款=

2.编制资产负债表。

三、工作反思（检验评价、总结拓展等）

1. 甲工业企业期末"原材料"科目余额为100万元，"生产成本"为70万元，"材料成本差异"科目贷方余额为5万元，"库存商品"科目余额为150万元，"工程物资"科目余额为200万元。则甲工业企业期末资产负债表中"存货"项目的金额为（　　）万元。

　A. 245　　　　B. 315　　　　C. 325　　　　D. 515

2. 某企业年末"应收账款"科目贷方余额为600万元。其中，"应收账款"明细账的借方余额为800万元，贷方余额为200万元。年末计提坏账准备后的"坏账准备"科目余额为15万元。假定不考虑其他应收款计提坏账准备因素，该企业年末资产负债表中"应收账款"项目的金额为（　　）万元。

　A. 585　　　　B. 600　　　　C. 785　　　　D. 800

任务二　利润表的编制

一、教学设计

（一）任务描述

根据滨海市羊口家具有限公司2018年6月份有关损益类账户的累积发生额，完成2018年6月份滨海市羊口家具有限公司利润表的编制。

滨海市羊口家具有限公司2018年6月份有关损益类账户的累计发生额见下表：

会计科目	借方发生额	贷方发生额
主营业务收入		1 250 000
其他业务收入		250 000
公允价值变动损益		28 500
投资收益		31 500

续表

会计科目	借方发生额	贷方发生额
主营业务成本	850 000	
其他业务成本	190 000	
税金及附加	75 000	
销售费用	150 000	
管理费用	60 000	
财务费用	30 000	
资产减值损失	10 000	
营业外收入		40 000
营业外支出	35 000	
所得税费用	50 000	
合计	1 450 000	1 600 000

根据上述资料编制滨海市羊口家具有限公司2018年6月份的利润表。

利润表　　　　　　　　　　　　　　　　　　**会企02表**

编制单位：　　　　　　　年　月　日　　　　　　　　　单位：元

项目	本期金额	上期金额
一、营业收入		（略）
减：营业成本		
税金及附加		
销售费用		
管理费用		
财务费用		
资产减值损失		
加：公允价值变动收益（损失以"-"号填列）		
投资收益（损失以"-"号填列）		
其中：对联营企业和合营企业的投资收益		

续表

项目	本期金额	上期金额
二、营业利润（亏损以"-"填列）		
加：营业外收入		
减：营业外支出		
其中：非流动资产处置损失		
三、利润总额（亏损总额以"-"填列）		
减：所得税费用		
四、净利润（净亏损以"-"填列）		
五、每股收益	（略）	
（一）基本每股收益		
（二）稀释每股收益		

（二）教学目标

1. 能准确计算各损益类项目金额。

2. 能正确编制利润表。

（三）教学资源

1. 教师准备：多媒体PPT课件、滨海市羊口家具有限公司2018年6月份有关损益类账户的累计发生额表、利润表、学生工作页、任务操作单

2. 学生自带工具：财会专用笔、计算器、直尺、私章

（四）教学组织

将学生分为6人一组，每小组设两人为组长：一人为成绩优异者，负责理论学习，并辅导其他同学；另一人为组织能力、动手能力见长者，负责任务分工、组织实训操作。利用PPT多媒体教学课件，展现课程任务；根据课程任务，组织小组讨论，采用教师引领、学生抢答的方式；最后，完成资利润表各项目的计算和利润表的编制。

（五）教学过程

阶段	项目教学过程		学生学的活动	教师教的活动
1	项目引入	项目描述	了解利润表的含义、编制利润表的意义及利润表的结构，重点掌握利润表的编制方法	1. 展示损益类账户发生额表、利润表 2. 利润表是反映企业一定期间生产经营成果的会计报表，是企业会计报告的重要组成部分

续表

阶段	项目教学过程		学生学的活动	教师教的活动
1	项目引入	知识准备	了解利润表的含义、编制利润表的意义及利润表的结构	讲解利润表的含义、编制利润表的意义及利润表的结构
2	项目实施	步骤1 损益类账户的计算	1. 听老师讲解,根据损益类账户发生额表,完成利润表中"营业成本""营业收入""所得税费用"的计算	1. 展示2018年6月份滨海市羊口家具有限公司损益类账户发生额表 2. 讲解"营业成本""营业收入""所得税费用"的计算方法 3. 讲解巡视指导各小组完成情况
		步骤2 利润表的编制	根据上述计算结果及损益类账户发生额表,完成利润表的编制	1. 订正答案,评价各小组完成情况 2. 归纳性讲解任务完成过程中存在的共性问题
3	项目总结	项目展示与总体评价	1. 小组展示编制的利润表 2. 通过对他人最终成果的优点与不足的评价,提高自己对质量的理解	1. 组织学生展示各组或各人的最终成果 2. 组织学生对最终成果进行互评,让学生通过发现他人的问题提高学生自己对质量的理解
		项目学习小结	积极归纳通过编制利润表所取得的学习成果	引导学生自我归纳通过编制利润表所获得的新知识

（六）技能考核

序号	技能	评判结果	
		是	否
1	能准确计算利润表各项目		
2	能正确编制利润表		

二、任务操作单

任务操作单

| 专业名称 | 会计电算化 | | 课程名称 | 企业财务会计 |

工作任务：利润表的编制

注意事项：营业收入是指主营业务收入和其他业务收入，不包括营业外收入。

	编制项目	编制方法	编制标准	备注
1	1. 营业收入 2. 营业成本	1. 营业收入＝"主营业务收入"＋"其他业务收入" 2. 营业收入＝"主营业务成本"＋"其他业务成本"	根据对应的总分类账户期末余额分析计算填列 金额单位为元，保留到小数点后两位 数据准确，不能有遗漏	P-M
2	1. 税金及附加 2. 销售费用 3. 管理费用 4. 财务费用 5. 资产减值损失 6. 投资收益 7. 营业外收入 8. 营业外支出	期末总账余额直接填列	根据总分类账户期末余额直接填列 金额单位为元，保留到小数点后两位 数据准确，不能有遗漏	P-M
3	1. 营业利润 2. 利润总和 3. 所得税费用 4. 净利润	1. 营业利润＝"营业收入"－"营业成本"－"税金及附加"－"销售费用"－"管理费用"－"财务费用"－"资产减值损失"＋"投资收益" 2. 利润总额＝"营业利润"＋"营业外收入"－"营业外支出" 3. 所得税费用＝"利润总额"×所得税税率 4. 净利润＝"利润总额"－"所得税费用"	根据上述账户余额分析计算填列 金额单位为元，保留到小数点后两位 数据准确，不能有遗漏	P-M

三、学生工作页

学生工作页

任务名称： 利润表的编制

一、工作目标（完成工作最终要达到的成果的形式）
1. 分析计算利润表中各项目。 2. 编制利润表。
二、工作实施（过程步骤、技术参数、要领等）
1. 计算各项目。 营业收入＝ 营业成本＝ 营业利润＝ 利润总额＝ 所得税费用＝ 净利润＝ 2. 编制利润表。
三、工作反思（检验评价、总结拓展等）
1. 利润表通常按利润总额的计算过程，分以下三步计算编制，即（　　）。 　A. ①主营业务收入　②主营业务利润　③利润总额 　B. ①毛利　②营业利润　③利润总额 　C. ①主营业务利润　②营业利润　③利润总额 　D. ①营业收入　②营业利润　③利润总额 2. 不属于会计报表主表的是（　　）。 　A. 资产负债表　　　　　　B. 利润表 　C. 利润分配表　　　　　　D. 现金流量表 3. 应在利润表中的"税金及附加"项目反映的是（　　）。 　A. 车船税　　　　　　　　B. 城市维护建设税 　C. 印花税　　　　　　　　D. 房产税

企业财务会计课程标准

一、前言

（一）课程定位

本课程是会计电算化专业的一门核心课程，是以会计工作岗位的典型工作任务为依据设置的，适用于中等职业学校会计电算化专业。其主要功能是使学生通过对仿真会计资料的演练和操作，了解从事会计职业的必备知识，具备企业日常会计核算与会计事务的处理能力，能胜任企业财务会计岗位。

本课程应在《基础会计》基础上开设。

（二）设计思路

财务部作为企业的服务部门，其职能是负责企业日常业务核算。财务部为会计电算化专业学生提供了筹资、出纳、存货、往来等会计核算岗位，这些岗位对学生的专业知识、操作技能、职业道德等素质有较高的要求。因此，本课程在会计电算化专业课程中处于非常重要的地位，是一门专业核心课程。

本课程的目的是培养能按照国家现行会计制度，规范、准确、熟练地完成企业日常会计业务核算的人才。立足这一目的，本课程结合中职学生的学习能力水平与会计岗位的职业能力要求，依据企业会计事务的主要工作内容共制定了四项课程目标。这四项目标分别涉及的是企业日常采购、生产、成本、销售业务的核算，账簿的登记及报表的编制等方面的内容。教材编写、教师授课、教学评价都应在依据这一目标定位下进行。

依据上述课程目标定位，本课程从工作任务、知识要求与技能要求三个维度对课程内容进行规划与设计，以使课程内容更好地与会计岗位要求相结合。本课程共划分了筹资岗位会计核算、出纳岗位会计核算、存货岗位会计核算等九大项目，知识与技能内容则依据工作任务完成的需要进行确定；分析过程中尤其注意了整个内容的完整性，以及知识与技能的相关性。在对知识与技能的描述上也力求详细与准确。技能及其学习要求采取了"能编制……"的形式进行描述;知识及其学习要求则采取了"能描述……"和"能理解……"的形式进行描述,即区分了两个学习层次——"描述"指学生能熟练识记知识点,"理解"指学生把握知识点的内涵及各知识点之间的关系。

本课程建议课时数88,共计5学分。

二、课程目标

● 能熟知企业会计准则的基本规定,并能结合企业日常经济业务进行查阅并正确使用。

● 能正确运用复式记账原理辨析账户,为企业日常业务核算做准备。

● 能正确使用会计核算中的常用账户,处理企业日常采购、生产、成本、销售业务的核算,为登记账簿提供准确会计数据。

● 能根据凭证—账簿—报表的操作业务流程,编制资产负债表、利润表。

三、课程内容和要求

序号	项目	技能要求	学习水平			知识要求	学习水平			工作任务	项目质量标准
			基本	熟练	强化		基本	熟练	强化		
1	筹资岗位会计核算	1.能编制投资者投入资本的会计分录 2.能编制借入长短期借款、计提利息、支付利息、归还本金的会计分录 3.能填制记账凭证、登记账簿		√		1.能区分不同投资情况下使用的会计科目 2.能理解"实收资本"跟"资本公积"的账户性质及核算内容 3.能理解"财务费用"和"应付利息"的账户性质及核算内容		√		滨海市羊口家具有限公司2018年6月份有关投资、借款的日常业务核算	1.筹资岗位相关账户使用正确,无错漏字,金额准确无误 2.记账凭证和账簿的填登要做到项目齐全、数字准确、摘要清楚、填登及时、字迹工整

续表

序号	项目	技能要求	学习水平			知识要求	学习水平			工作任务	项目质量标准
			基本	熟练	强化		基本	熟练	强化		
2	出纳岗位会计核算	1. 能编制库存现金、银行存款收付款的会计分录 2. 能编制库存现金盘点报告表 3. 能编制银行存款余额调节表 4. 能填制记账凭证 5. 能登记现金日记账、银行存款日记账			√	1. 能理解未达账项的四种情况 2. 能掌握库存现金盘盈、盘亏两种不同情况下计入的会计科目			√	滨海市羊口家具有限公司2018年6月份有关库存现金、银行存款的日常业务核算	1. 出纳岗位相关账户使用正确，无错漏字，金额准确无误 2. 库存现金盘点报告表和银行存款余额调节表的编制要做到日期正确、金额计算准确无误
3	存货岗位会计核算	1. 能按照实际成本法编制原材料领用和发出的会计分录 2. 能按照计划成本法编制原材料领用和发出的会计分录 3. 能编制委托加工物资发出、加工、收回的会计分录 4. 能编制原材料盘盈、盘亏的会计分录 5. 能填制记账凭证、登记账簿		√		1. 能掌握"原材料""在途物资""材料采购""材料成本差异"的账户性质和核算内容 2. 能描述委托加工物资发出、加工和入库的核算流程 3. 能了解存货清查的方法		√		滨海市羊口家具有限公司2018年6月份有关原材料、委托加工物资和存货清查的日常业务核算	1. 存货岗位相关账户使用正确，无错漏字，金额准确无误 2. 记账凭证和账簿的填登要做到项目齐全、数字准确、摘要清楚、填登及时、字迹工整

续表

序号	项目	技能要求	学习水平 基本	学习水平 熟练	学习水平 强化	知识要求	学习水平 基本	学习水平 熟练	学习水平 强化	工作任务	项目质量标准
4	往来岗位会计核算	1.能编制收到商业汇票的会计分录 2.能编制到期对方付款及无力付款情况下的会计分录 3.能编制支付商业汇票的会计分录 4.能编制到期及时付款及无力付款情况下的会计分录 5.能编制现金折扣、商业折扣的会计分录 6.能填制记账凭证、登记账簿			√	1.能区别银行承兑汇票和商业承兑汇票 2.能理解"应付票据""应收票据""短期借款"的账务性质及内容 3.能描述现金折扣和商业折扣的内容			√	滨海市羊口家具有限公司2018年6月份有关应收票据与应付票据、应收账款与应付账款的日常业务核算	1.往来岗位相关账户使用正确，无错漏字，金额准确无误 2.记账凭证和账簿的填登要做到项目齐全、数字准确、摘要清楚、填登及时、字迹工整
5	资产管理岗位会计核算	1.能编制外购、投资者投入、盘盈方式下固定资产增加的会计分录 2.能计算直线法和工作量法下的年折旧额 3.能按照年数总和法和双倍余额递减法编制计算表 4.能编制固定资产出售、报废、盘亏的会计分录 5.能编制无形资产取得、摊销、处置的会计分录 6.能填制记账凭证、登记账簿			√	1.能描述固定资产增加的方式 2.能掌握固定资产四种折旧方法的计算公式 3.能理解"固定资产清理"的账户性质和内容 4.能理解"累计折旧"和"累计摊销"的账户性质和内容			√	滨海市羊口家具有限公司2018年6月份有关固定资产、无形资产的日常业务核算	1.资产管理岗位相关账户使用正确，无错漏字，金额准确无误 2.年数总和法和双倍余额递减法折旧计算表金额的计算准确无误 3.记账凭证和账簿的填登要做到项目齐全、数字准确、摘要清楚、填登及时、字迹工整

续表

序号	项目	技能要求	学习水平			知识要求	学习水平			工作任务	项目质量标准
			基本	熟练	强化		基本	熟练	强化		
6	职工薪酬岗位会计核算	1.能编制缴纳个人所得税和社会保险费的会计分录 2.能编制非货币性薪酬的分配与发放的会计分录 3.能编制职工薪酬的分配与发放的会计分录 4.能填制记账凭证、登记账簿			√	1.能理解"应交税费"和"应付职工薪酬"的账户性质和核算内容 2.能描述职工薪酬的核算内容 3.能描述非货币性职工薪酬的核算内容			√	滨海市羊口家具有限公司2018年6月份有关职工薪酬的日常业务核算	1.职工薪酬岗位相关账户使用正确,无错漏字,金额准确无误 2.记账凭证和账簿的填登要做到项目齐全、数字准确、摘要清楚、填登及时、字迹工整
7	纳税岗位会计核算	1.能编制一般纳税人和小规模纳税人有关增值税的会计分录 2.能编制销售应税消费品、委托加工应税消费品、自产自用应税消费品的会计分录 3.能结转各项损益类账户余额 4.能编制计算及缴纳所得税的会计分录 5.能编制提取法定盈余公积、任意盈余公积、向投资者分配利润的会计分录 6.能填制记账凭证、登记账簿		√		能理解增值税的概念、分类及特点 能理解消费税的概念、分类及特点 能掌握损益类账户的内容及性质 能掌握应纳税所得额及应交所得税税额的计算公式			√	滨海市羊口家具有限公司2018年6月份有关增值税、消费税、所得税的日常业务核算	1.纳税岗位相关账户使用正确,无错漏字,金额准确无误 2.记账凭证和账簿的填登要做到项目齐全、数字准确、摘要清楚、填登及时、字迹工整

续 表

序号	项目	技能要求	学习水平			知识要求	学习水平			工作任务	项目质量标准
			基本	熟练	强化		基本	熟练	强化		
8	成本费用会计岗位会计核算	1.能编制直接材料分配的会计分录 2.能编制直接人工分配的会计分录 3.能编制制造费用归集与分配的会计分录 4.能编制生产成本归集与分配的会计分录 5.能编制管理费用、销售费、财务费用的会计分录 6.能填制记账凭证、登记账簿			√	1.能描述制造费用的核算内容 2.能掌握制造费用的分配方法及公式 3.能区分"管理费用""销售费用"和"财务费用"的核算内容			√	滨海市羊口家具有限公司2018年6月份有关成本费用和期间费用的日常业务核算	1.成本费用岗位相关账户使用正确,无错漏字,金额准确无误 2.记账凭证和账簿的填登要做到项目齐全、数字准确、摘要清楚、填登及时、字迹工整
9	主管岗位会计核算	1.能计算资产负债表中各项目的金额 2.能编制资产负债表 3.能计算利润表中各项目的金额 4.能编制利润表	√			1.能描述资产负债报表中项目填列的四种方法 2.能掌握"营业利润""营业成本""利润总额"的计算公式	√			滨海市羊口家具有限公司2018年6月份资产负债表、利润表的编制	报表编制要做到数据真实、内容完整、计算准确、字迹工整、手续齐备

四、实施建议

(一)教材编写和选用

(1)必须依据本课程标准编写和选择教材。

(2)教材应充分体现项目导向、会计岗位任务驱动的课程设计思想,以会计岗位为主线设计教材结构。

（3）教材在内容上应简洁实用，还应把会计行业中的最新企业会计准则、会计法、税法应用到任务中去。

（4）教材应以学生为本，做到文字通俗、表达简练，内容展现应贴近企业真实财务资料，可让同学们动手练习，重在提高学生学习的主动性和积极性。

（5）教材中注重实践内容的可操作性，强调在实操中理解与应用会计理论。

（二）教学方法

（1）在教学过程中，应立足于坚持学生实际操作能力的培养，采用项目教学，以会计岗位任务为驱动，培养学生掌握会计核算所需的知识、技能和素质。

（2）本课程的教学关键是实训操作，"教"与"学"互动，教师示范，学生操作，学生提问，教师解答、指导。选用典型案例由教师讲解、示范操作，学生进行分组操作训练，让学生在操作过程中掌握企业日常会计核算。

（3）在教学过程中，要创设工作情景，同时应加强实践训练，使学生掌握各会计岗位的核算方法。

（4）在教学过程中要关注国家会计政策变更，及时调整教学内容。

（三）课程资源

（1）常用课程资源的开发和利用

利用现代信息技术开发幻灯片、视听光盘、多媒体课件等教学资源，通过搭建起多维、动态、活跃、自主的课程训练平台，使学生的主动性、积极性和创造性得以充分调动。同时联合各校开发数字化教学资源，努力实现数字化教学资源的共享。

（2）注重网络课程资源的开发和利用

充分利用网络资源、教育网站等信息资源，使教学媒体从单一媒体向多媒体转变。注重清华在线网络教学平台的开发利用，实现"模拟练习""模拟实训""在线答疑""日常测试""任务考试"功能，让学生置身于网络学习平台中，从而激发学生的学习兴趣，提高学生学习的积极性，让学生积极自主地完成该课程的学习，为学生提高处理会计工作业务的基本职业能力提供有效途径。

（3）产学合作开发企业财务会计课程实训课程资源

充分利用本行业典型的资源，加强产学合作，建立实习实训基地，满足学生的实习实训要求，并在此过程中进行实训课程资源的开发。

（4）建立开放式企业财务会计实训操作中心

建立开放式企业财务会计实训操作中心，使之具备职业技能证书考证、实验实训、现场教学的功能，将教学与培训合一、教学与实训合一，满足对学生综合职业能力进行培养的要求。

（四）课程评价

（1）改革考核手段和方法，加强实践性教学环节的考核，注重学生自评、互评以及过程考核和结果考核相结合。

（2）突出过程评价与阶段（以会计岗位为阶段）评价，结合课堂提问、训练活动、阶段测验等进行综合评价。

（3）应注重对学生分析问题、解决实际问题能力的考核，对在学习和应用上有创新的学生应特别给予鼓励，综合评价学生能力。

（4）注重学生的职业素质考核，体现职业教育的职业性。

项目	所占分数	备注
职业素质	20	迟到早退一次扣3分；缺课一次扣5分，累计超过3次取消本课程考试资格；违反课堂纪律一次扣3分；没有按时打扫卫生和关闭计算机一次扣5分
筹资岗位会计核算	5	
出纳岗位会计核算	3	
存货岗位会计核算	15	
往来岗位会计核算	15	
资产管理岗位会计核算	10	
职工薪酬岗位会计核算	5	
纳税岗位会计核算	10	
成本费用岗位会计核算	10	
主管岗位会计核算	7	

五、其他说明

1. 本课程教学标准适用于中职院校会计专业。
2. 任务操作单中的"备注"用于区分学习领域或特别困难的任务和技能。

学习领域：C代表认知学习领域；A代表情感学习领域；P代表技能学习领域。

学习难度：E代表容易；M代表中等；D代表困难。

企业财务会计教学设计

项目整体教学设计

(一) 设计说明

本课程依据会计工作岗位的典型工作任务,按照企业实际工作岗位设计教学项目。本教学设计是将《企业财务会计》课程内容设计为9个课程项目,并按照会计项目的工作流程展开教学任务。项目化课程体系充分体现了基于职业岗位分析和具体工作过程的课程设计理念,实现了会计教学过程与企业会计工作岗位的对接,突出了职业能力培养,使学生具备正确分析和解决企业财务会计一般问题的能力,为学生参加工作后从事企业日常财务会计工作打下坚实的基础。

(二) 项目一览表

序号	课程项目	工作任务	任务课时	项目课时
1	筹资岗位会计核算	投资者投入资本的核算	4	8
		短期借款、长期借款的核算	4	
2	出纳岗位会计核算	货币资金的核算	3	6
		货币资金清查的核算	3	
3	存货岗位会计核算	原材料的核算	7	13
		委托加工物资的核算	3	
		存货清查的核算	3	
4	往来岗位会计核算	应收票据与应付票据的核算	6	11
		应收账款与应付账款的核算	5	

续 表

序号	课程项目	工作任务	任务课时	项目课时
5	资产管理岗位会计核算	固定资产增加的核算	3	17
		固定资产折旧的核算	5	
		固定资产处置的核算	4	
		无形资产取得、摊销与处置的核算	5	
6	职工薪酬岗位会计核算	职工薪酬的核算	5	5
7	纳税岗位会计核算	应交增值税的核算	4	12
		应交消费税的核算	4	
		应交所得税的核算	4	
8	成本费用岗位会计核算	生产成本归集与分配的核算	5	8
		期间费用的核算	3	
9	主管岗位会计核算	资产负债表的编制	4	8
		利润表的编制	4	
	合计		21	88